AF188330

Impressum
Verlag: BABADADA GmbH, Nedderfeld 112 , 22529 Hamburg
Geschäftsführer / Verlagsleitung: Harald Hof
Druck: Books on Demand GmbH, In de Tarpen 42, 22848 Norderstedt

Imprint
Publisher: BABADADA GmbH, Nedderfeld 112 , 22529 Hamburg, Germany
Managing Director / Publishing direction: Harald Hof
Print: Books on Demand GmbH, In de Tarpen 42, 22848 Norderstedt, Germany

mokykla
المدرسة

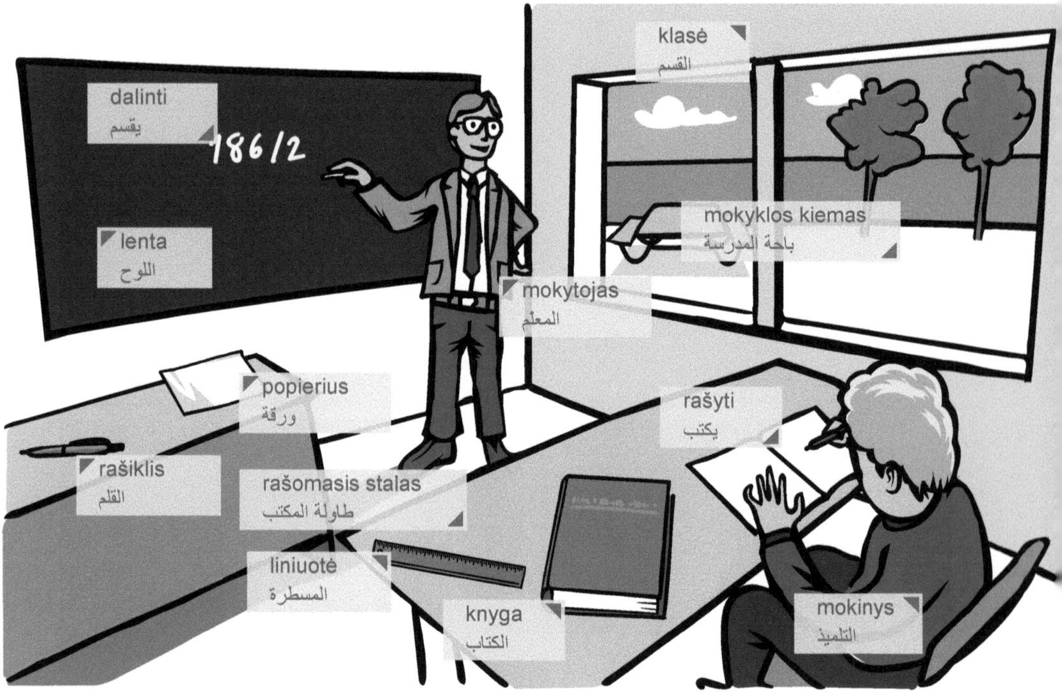
dalinti
يقسم
186/2
lenta
اللوح
klasė
القسم
mokyklos kiemas
باحة المدرسة
mokytojas
المعلّم
popierius
ورقة
rašyti
يكتب
rašiklis
القلم
rašomasis stalas
طاولة المكتب
liniuotė
المسطرة
knyga
الكتاب
mokinys
التلميذ

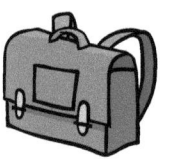

kuprinė
....
الحقيبة المدرسية

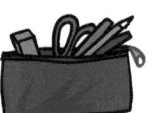

penalas
....
المقلمة

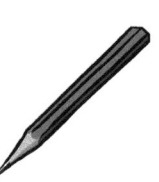

pieštukas
....
قلم الرصاص

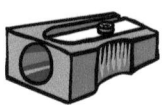

drožtukas
....
البرّاية

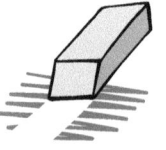

trintukas
....
المِمحاة

piešimo bloknotas
....
دفتر الرسم

piešinys

الرسمة

teptukas

الفرشاة

dažų dėžutė

علبة التلوين

žirklės

المقص

klijai

المادة اللاصقة

vadovėlis

دفتر التمارين

namų darbai

الواجب المدرسي

numeris

الرقم

pridėti

يجمع

atimti

يطرح

dauginti

يضرب

skaičiuoti

يحسب

raidė

الحرف

abėcėlė

الأبجدية

žodis

كلمة

tekstas

النص

skaityti

يقرأ

kreida

الطبشور

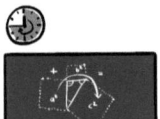

pamoka

الحصة

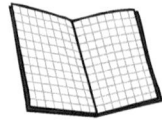

dienynas

دفتر الدوام المدرسي

egzaminas

الامتحان

pažymėjimas

شهادة

mokyklinė uniforma

اللباس المدرسي

išsilavinimas

التعليم

enciklopedija

الموسوعة

universitetas

الجامعة

mikroskopas

المجهر

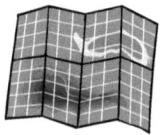

žemėlapis

الخريطة

šiukšliadėžė

قماما

kelionė

سفر

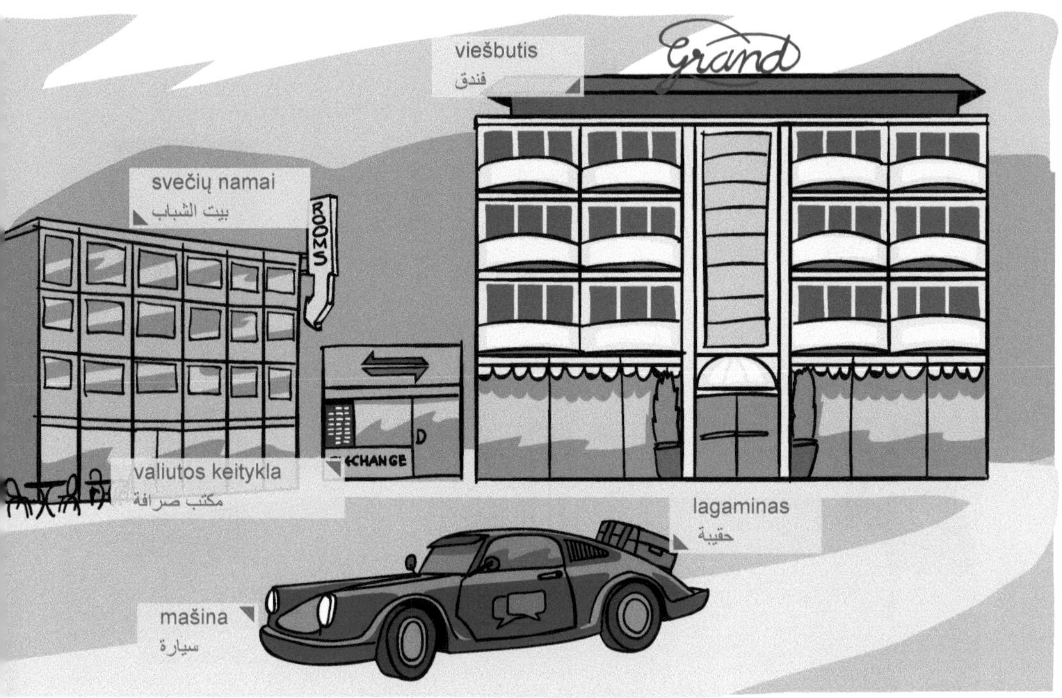
viešbutis
فندق
Grand
svečių namai
بيت الشباب
ROOMS
valiutos keitykla
مكتب صرافة
EXCHANGE
lagaminas
حقيبة
mašina
سيارة

kalba

اللغة

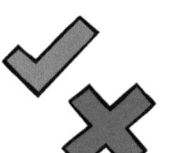

taip / ne

نعم / لا

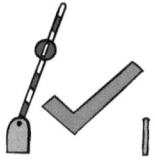

Gerai

حسناً

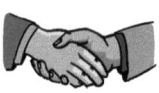

sveiki

مرحباً

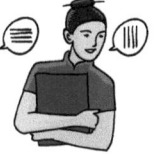

vertėjas raštu

مترجم

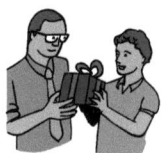

Ačiū

شكراً

kiek kainuoja...?

كم ثمن ... ؟

aš nesuprantu

لا أفهم

problema

مشكلة

Labas vakaras!

مساء الخير

Labas rytas!

صباح الخير!

Labos nakties!

ليلة سعيدة

viso gero

إلى اللقاء

kryptis

اتجاه

bagažas

أمتعة السفر

krepšys

حقيبة

kuprinė

حقيبة ظهر

svečias

ضيف

kambarys

غرفة

miegmaišis

كيس للنوم

palapinė

خيمة

turizmo informacija

استعلامات سياحية

paplūdimys

شاطئ

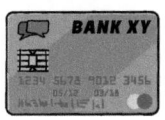

kreditinė kortelė

بطاقة ائتمان

pusryčiai

إفطار

pietūs

طعام الغداء

vakarienė

العشاء

bilietas

بطاقة سفر

liftas

مصعد

pašto ženklas

طابع بريدي

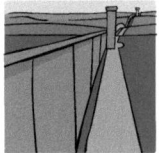

siena

حدود

muitinė

الجمارك

ambasada

سفارة

viza

تأشيرة

pasas

جواز سفر

transportas

نقل

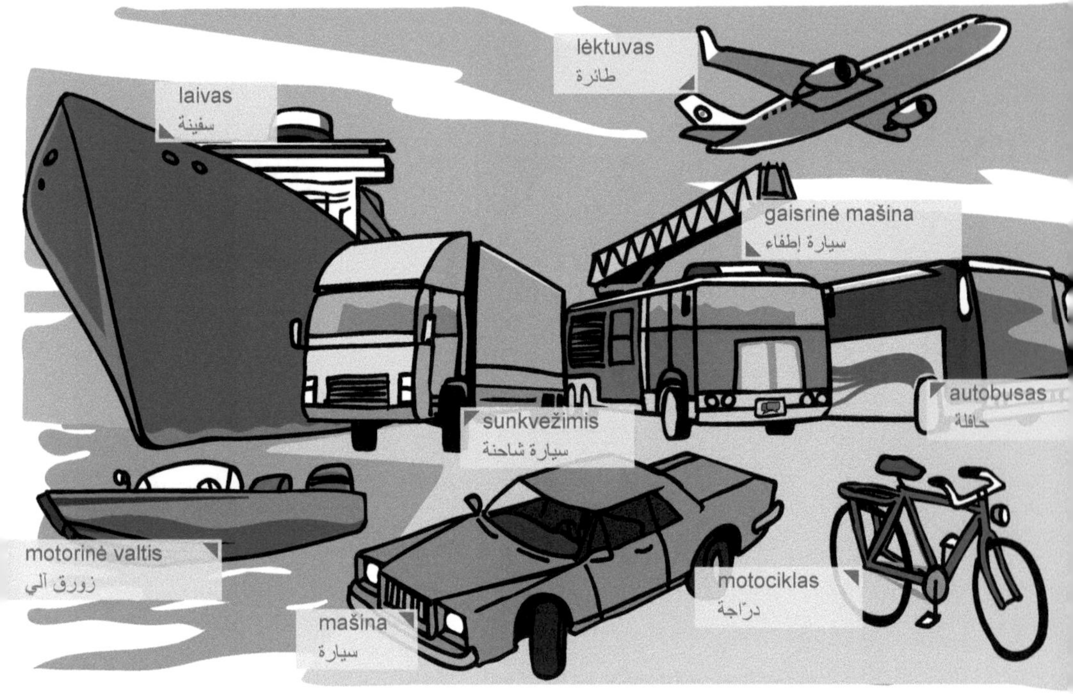

lėktuvas
طائرة
laivas
سفينة
gaisrinė mašina
سيارة إطفاء
autobusas
حافلة
sunkvežimis
سيارة شاحنة
motorinė valtis
زورق آلي
motociklas
درّاجة
mašina
سيارة

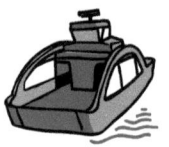

keltas

عبارة

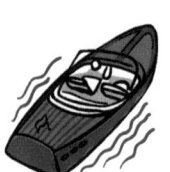

valtis

قارب

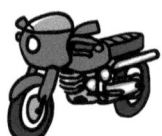

mopedas

دراجة نارية

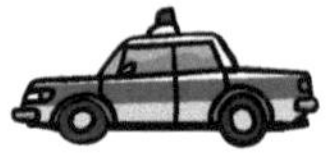

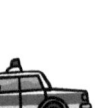

policijos automobilis

سيارة شرطة

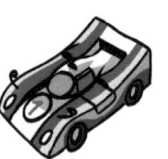

lenktyninis automobilis

سيارة سباق

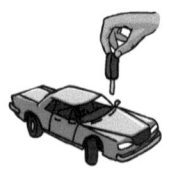

nuomojamas automobilis

سيارة مستأجرة

bendras automobilio
naudojimas
....
أسلوب تشاركي في استئجار السيارات

techninės pagalbos
automobilis
....
سيارة للجر

šiukšliavežė
....
سيارة نقل القمامة

variklis
....
محرك

degalai
....
وقود

degalinė
....
محطة وقود

kelio ženklas
....
إشارة مرور

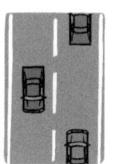

eismas
....
حركة السير

eismo spūstis
....
ازدحام سير

mašinų stovėjimo aikštelė
....
موقف سيارات

traukinių stotis
....
محطة قطار

bėgiai
....
سكك حديدية

traukinys
....
قطار

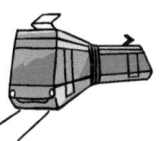

tramvajus
....
ترام

vagonas
....
عربة قطار

sraigtasparnis

طائرة مروحية

oro uostas

مطار

bokštas

برج

keleivis

مسافر

konteineris

حاوية

dėžė

علبة كرتون

vežimėlis

عربة يد

krepšys

سلّة

pakilti / nusileisti

يقلع / يهبط

miestas

مدينة

kaimas

قرية

miesto centras

مركز المدينة

namas

بيت

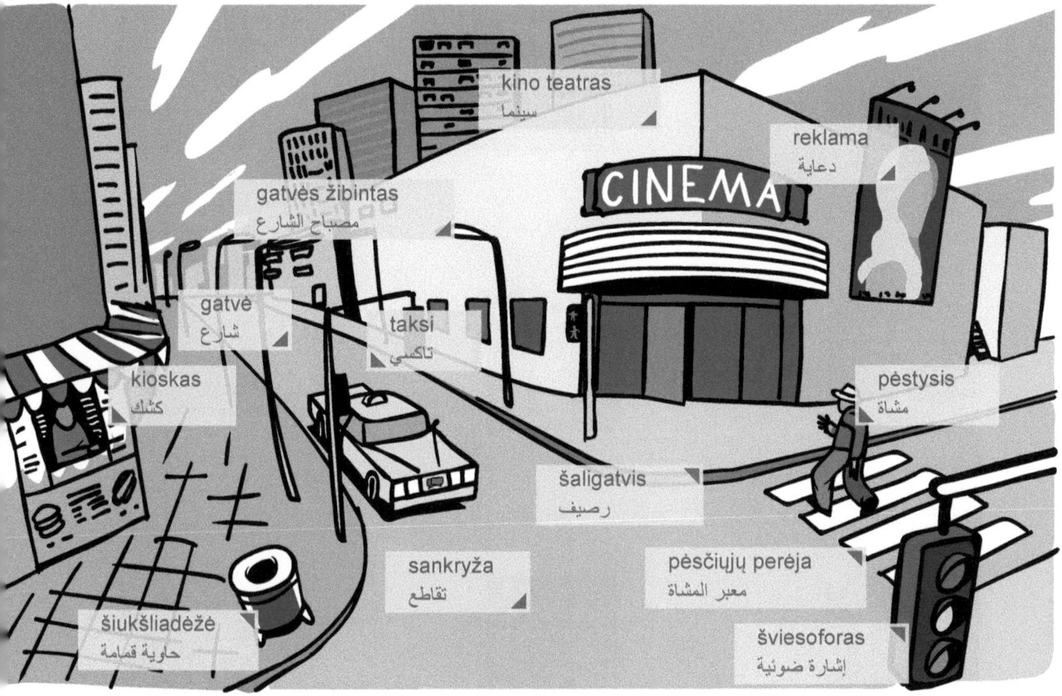
kino teatras
سينما
reklama
دعاية
CINEMA
gatvės žibintas
مصباح الشارع
gatvė
شارع
taksi
تاكسي
kioskas
كشك
pėstysis
مشاة
šaligatvis
رصيف
sankryža
تقاطع
pėsčiųjų perėja
معبر المشاة
šiukšliadėžė
حاوية قمامة
šviesoforas
إشارة ضوئية

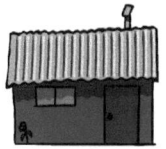

trobelė
كوخ

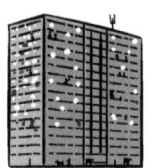

butas
شقة

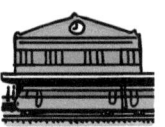

traukinių stotis
محطة قطار

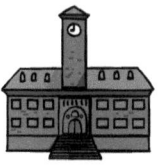

rotušė
دار البلدية

MUSEUM

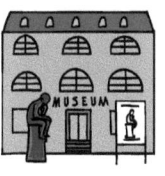

muziejus
متحف

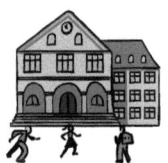

mokykla
المدرسة

universitetas

الجامعة

bankas

مصرف

ligoninė

المستشفى

viešbutis

فندق

vaistinė

صيدلية

biuras

مكتب

knygynas

مكتبة

parduotuvė

متجر

gėlių parduotuvė

محل لبيع الزهور

prekybos centras

سوبرماركت

turgus

سوق

universalinė parduotuvė

متجر كبير

žuvies parduotuvė

تاجر السمك

prekybos centras

مركز تسوّق

uostas

ميناء

parkas

حديقة عامة

suoliukas

مقعد

tiltas

جسر

laiptai

درج، سلم

metro

مترو

tunelis

نفق

autobusų stotelė

موقف حافلات

baras

بار

restoranas

مطعم

lauko pašto dėžutė

صندوق البريد

kelio ženklas

لافتة باسم الشارع

parkomatas

مقياس زمن الوقوف

zoologijos sodas

حديقة حيوانات

baseinas

مسبح

mečetė

مسجد

ūkininko ūkis

مزرعة

tarša

تلوث البيئة

kapinės

مقبرة

bažnyčia

كنيسة

žaidimų aikštelė

ملعب الأطفال

šventykla

معبد

kraštovaizdis
طبيعة ريفية

lapas
ورقة

kelio rodyklė
علامة إرشاد

kelias
طريق

pieva
مرج

akmuo
حجر

medis
شجرة

ėjikas
رحالة

upė
نهر

žolė
عشب

gėlė
زهرة

slėnis

وادٍ

kalva

جبل

ežeras

بحيرة

miškas

غابة

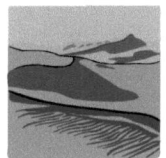

dykuma

صحراء

ugnikalnis

بركان

pilis

قَلعة

vaivorykštė

قوس قزح

grybas

فطر

palmė

نخلة

uodas

بعوض

musė

ذبّانة

skruzdėlė

نملة

bitė

نحلة

voras

عنكبوت

vabalas

خنفساء

varlė

ضفدعة

voverė

سنجاب

ežys

قنفذ

kiškis

أرنب

pelėda

بومة

paukštis

عصفور

gulbė

بجعة

šernas

خنزير برّي

elnias

غزال

briedis

إلكة

užtvanka

سد

vėjo jėgainė

دولاب الطاحونة الهوائية

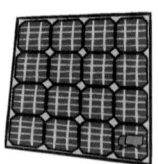

saulės baterija

خلية شمسية

klimatas

مناخ

restoranas
مطعم

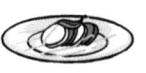

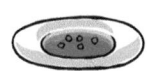

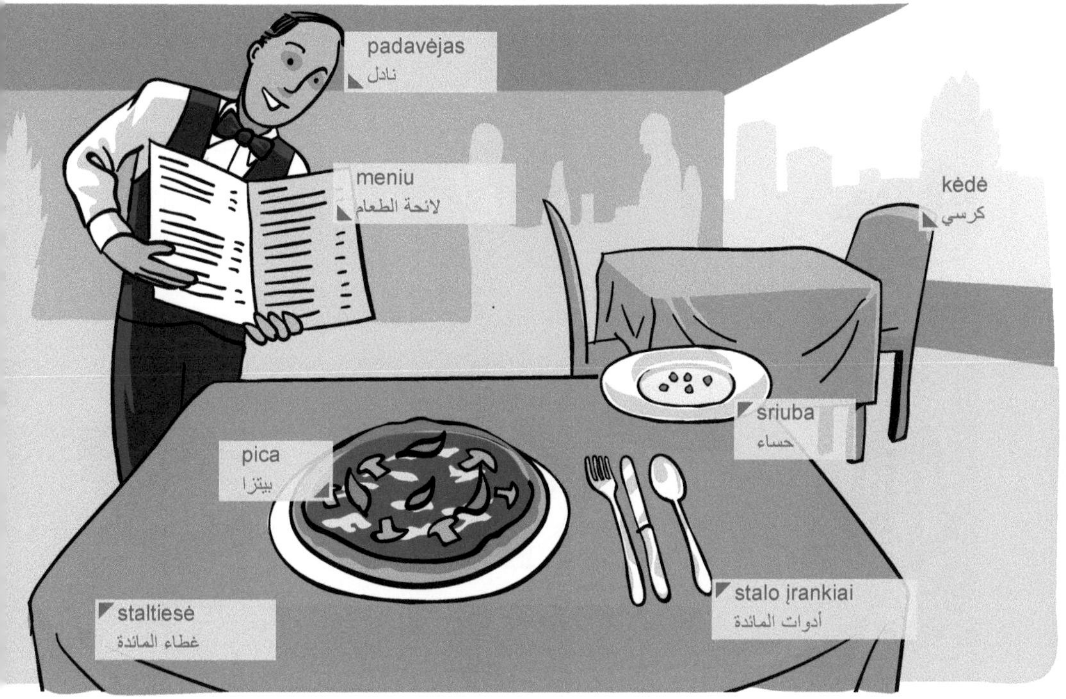
padavėjas
نادل
meniu
لائحة الطعام
kėdė
كرسي
sriuba
حساء
pica
بيتزا
stalo įrankiai
أدوات المائدة
staltiesė
غطاء المائدة

užkandis
....
مقبلات

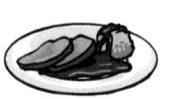

pagrindinis patiekalas
....
الصحن الرئيسي

desertas
....
حلوى أو فاكهة بعد الطعام

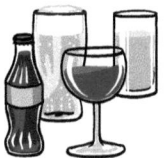

gėrimai
....
مشروبات

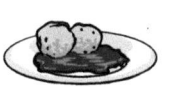

maistas
....
طعام

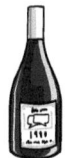

butelis
....
زجاجة

greitai pateikiamas maistas

وجبات سريعة

gatvės maistas

طعام الشارع

arbatinukas

إبريق الشاي

cukrinė

علبة السكر

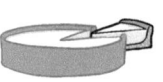

porcija

حصّة

espreso aparatas

آلة الإسبريسو

aukšta kėdė

كرسي عالٍ

sąskaita

فاتورة

padėklas

صينية

peilis

سكين

šakutė

شوكة

šaukštas

ملعقة

arbatinis šaukštelis

ملعقة الشاي

servetėlė

منديل المائدة

stiklinė

كأس

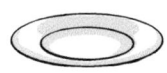

lėkštė

صحن

sriubos lėkštė

صحن الحساء

padėklas

صحن الفنجان

padažas

صلصة

druskinė

مملحة

pipirų malūnėlis

مطحنة الفلفل

actas

خلّ

aliejus

زيت الطعام

prieskoniai

توابل

kečupas

كتشاب

garstyčios

خردل

majonezas

مايونيز

prekybos centras

سوبرماركت

specialus pasiūlymas
عرض خاص
FOR
pirkėjas
زبون
pieno produktai
مشتقات الحليب
vaisiai
فواكه
troleibusas
عربة تسوق

BUTCHERS

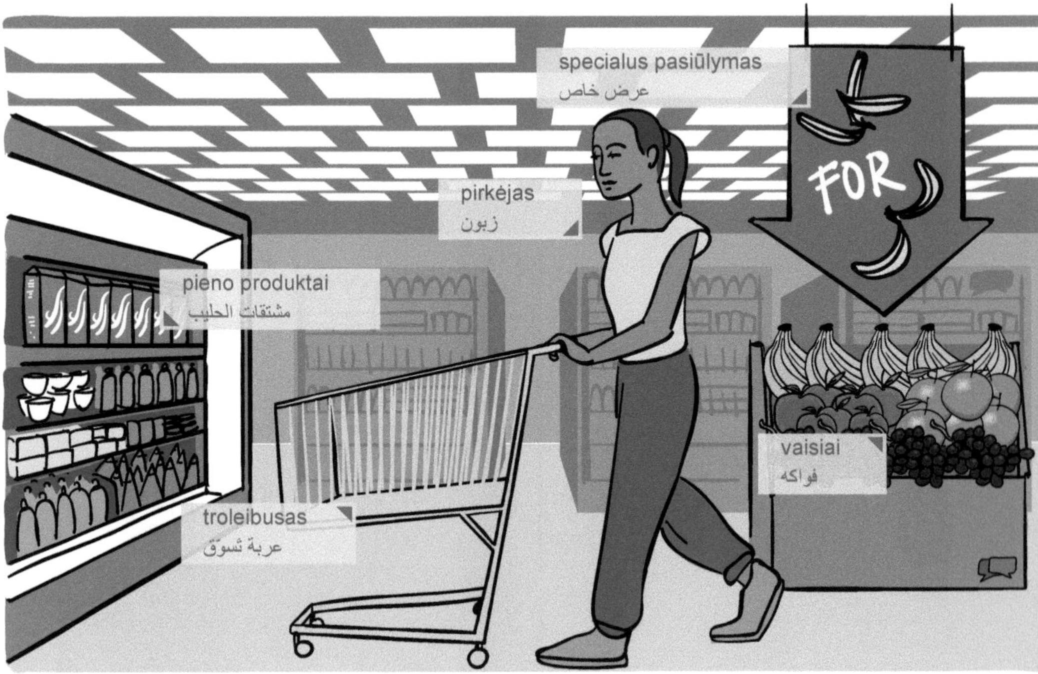

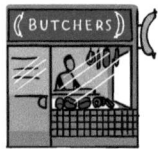

mėsos parduotuvė

جزّار

BAKERY

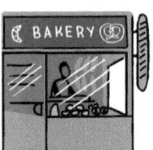

kepykla

مخبز

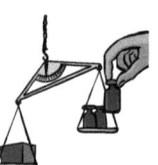

sverti

يزن

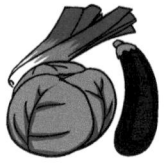

daržovės

خضار

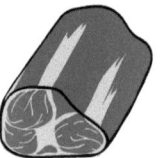

mėsa

لحم

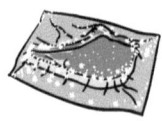

šaldytas maistas

المأكولات المجمّدة

šalti mėsos užkandžiai

مرتدلا أو جبن

konservai

معلّبات

skalbimo milteliai

مسحوق الغسيل

saldumynai

حلويات

ūkinės prekės

المواد المنزلية

valymo priemonės

منظفات

pardavėja

بائعة

kasos aparatas

صندوق الحساب

kasininkas

أمين صندوق

pirkinių sąrašas

قائمة المشتريات

darbo valandos

أوقات العمل

piniginė

محفظة النقود

kreditinė kortelė

بطاقة ائتمان

maišelis

حقيبة

plastikinis maišelis

كيس بلاستيكي

vanduo

ماء

sultys

عصير

pienas

حليب

kola

كولا

vynas

نبيذ

alus

بيرة

alkoholis

كحول

kakava

كاكاو

arbata

شاي

kava

قهوة

espresas

قهوة إسبريسو

kapučinas

كابوتشينو

bananas

موزة

obuolys

تفاح

apelsinas

برتقال

arbūzas

بطيخ

citrina

ليمون

morka

جزرة

česnakas

ثوم

bambukas

خيزران

svogūnas

بصل

grybas

فطر

riešutai

لوزيات

makaronai

شعيرية

spagečiai

سباغيتي

ryžiai

أرزّ

salotos

سلطة

traškučiai

بطاطا مقلية

keptos bulvės

بطاطا مقلية

pica

بيتزا

mėsainis

هامبورغر

sumuštinis

ساندويش

pjausnys

شريحة لحم مقلية

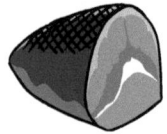

kumpis

لحم خنزير

saliamis

سلامي

dešrelė

سجق

vištiena

دجاج

kepsnys

لحم محمر

žuvis

سمك

avižų dribsniai

دقيق الشوفان

dribsniai su priedais

موسلي

kukurūzų dribsniai

كورن فلكس

miltai

طحين

prancūziškasis ragelis

كرواسان

bandelė

خبز صغير

duona

خبز

skrebutis

خبز محمص

sausainiai

بسكويت

sviestas

زبدة

varškė

لبن زبادي

tortas

كعكة

kiaušinis

بيضة

kiaušinienė

بيض مقلي

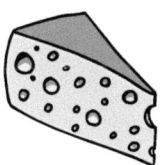

sūris

جبنة

ledai

مثلجات

cukrus

سكر

medus

عسل

uogienė

مربّى الفاكهة

tepamas šokoladas

كريم النوغا

karis

الكاري

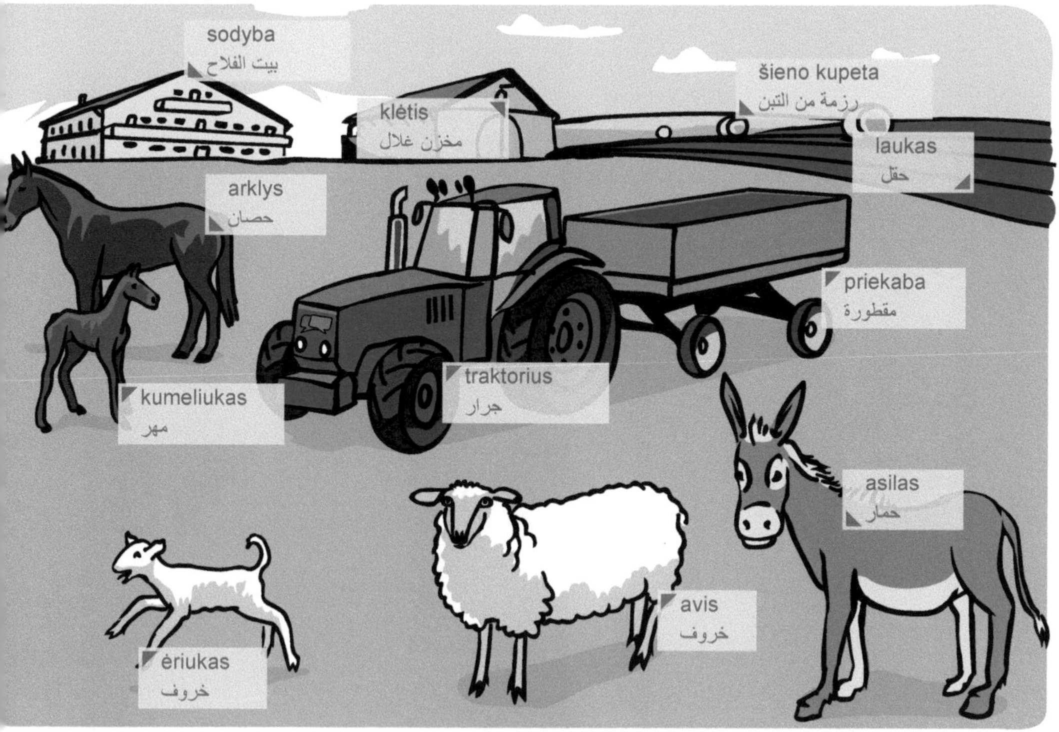

sodyba
بيت الفلاح

klėtis
مخزن غلال

šieno kupeta
رزمة من التبن

laukas
حقل

arklys
حصان

priekaba
مقطورة

kumeliukas
مهر

traktorius
جرار

asilas
حمار

avis
خروف

ėriukas
خروف

ožys

ماعز

karvė

بقرة

veršis

عجل

kiaulė

خنزير

paršelis

خنزير صغير

bulius

ثور

žąsis
....
إوزّة

antis
....
بطة

viščiukas
....
صوص

višta
....
دجاجة

gaidys
....
ديك

žiurkė
....
جرذ

katė
....
قطة

pelė
....
فأر

jautis
....
ثور

šuo
....
كلب

šuns būda
....
كوخ الكلب

sodo namas
....
خرطوم الحديقة

laistytuvas
....
إبريق

dalgis
....
منجل

plūgas
....
المحراث

pjautuvas

منجل

kauptukas

معزقة

šakės

مذراة الزبل

kirvis

بلطة

statinė

عربة يد

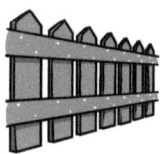

lovys

معلف

bidonas

صفيحة الحليب

maišas

كيس

tvora

سياج

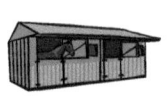

arklidė

اصطبل

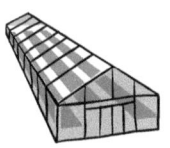

šiltnamis

دفينة

dirva

تربة

sėkla

بذور

trąšos

سماد

kombainas

حصّادة درّاسة

rinkti

يحصد

derlius

محصول

saldžiosios bulvės

بطاطا يامس

kviečiai

قمح

soja

صويا

bulvė

بطاطا

kukurūzai

ذرة

rapsai

سلجم

vaismedis

شجرة فاكهة

manijokas

نبات منيهوت

grūdai

الحبوب

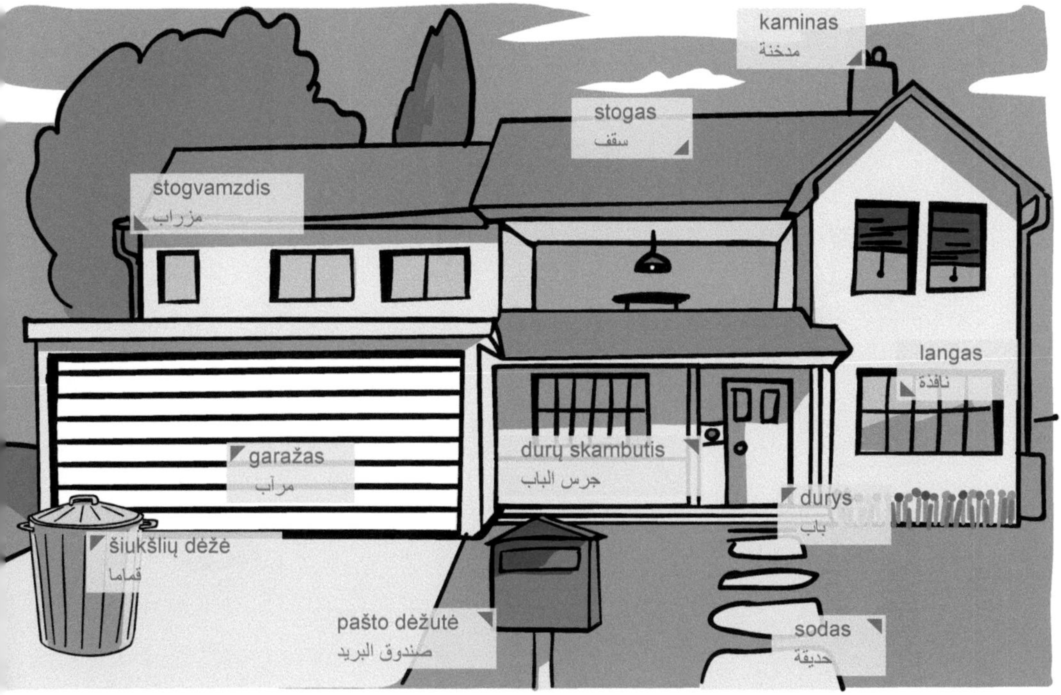

kaminas
مدخنة

stogas
سقف

stogvamzdis
مزراب

langas
نافذة

garažas
مرآب

durų skambutis
جرس الباب

durys
باب

šiukšlių dėžė
قمامة

pašto dėžutė
صندوق البريد

sodas
حديقة

svetainė
....
غرفة جلوس

vonios kambarys
....
الحمّام

virtuvė
....
مطبخ

miegamasis
....
غرفة النوم

vaiko kambarys
....
غرفة الأطفال

valgomasis
....
غرفة الطعام

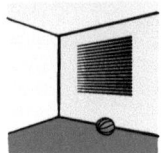

grindys

أرضية

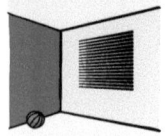

siena

حائط

lubos

سقف

rūsys

قبو

sauna

ساونا

balkonas

بلكون

terasa

شرفة

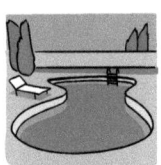

baseinas

مسبح

žoliapjovė

جزّازة العشب

paklodė

بياضات السرير

lovatiesė

بطانية

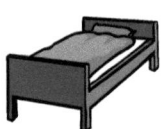

lova

سرير

šluota

مكنسة

kibiras

سطل

jungiklis

مفتاح كهرباني

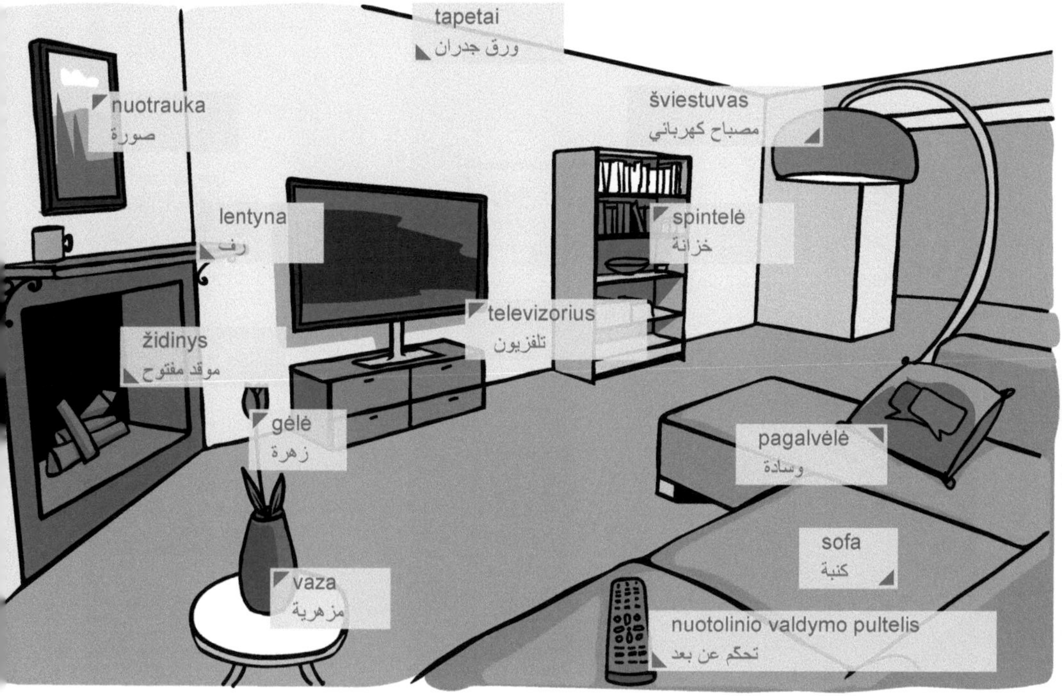

tapetai
ورق جدران

nuotrauka
صورة

šviestuvas
مصباح كهربائي

lentyna
رف

spintelė
خزانة

televizorius
تلفزيون

židinys
موقد مفتوح

gėlė
زهرة

pagalvėlė
وسادة

sofa
كنبة

vaza
مزهرية

nuotolinio valdymo pultelis
تحكم عن بعد

kilimas
بساط

užuolaida
ستارة

stalas
طاولة

kėdė
كرسي

supamasis krėslas
كرسي هزّاز

fotelis
كرسي ذو ذراعين

knyga

الكتاب

antklodė

بطانية

papuošimai

زخرفة

malkos

الحطب

filmas

فيلم

stereo aparatūra

تجهيزات ستيريو

raktas

مفتاح

laikraštis

جريدة

paveikslas

لوحة مرسومة

plakatas

مُلصق

radijas

راديو

užrašų knygelė

دفتر ملاحظات

dulkių siurblys

المكنسة الكهربائية

kaktusas

صبّار

žvakė

شمعة

virtuvė
مطبخ

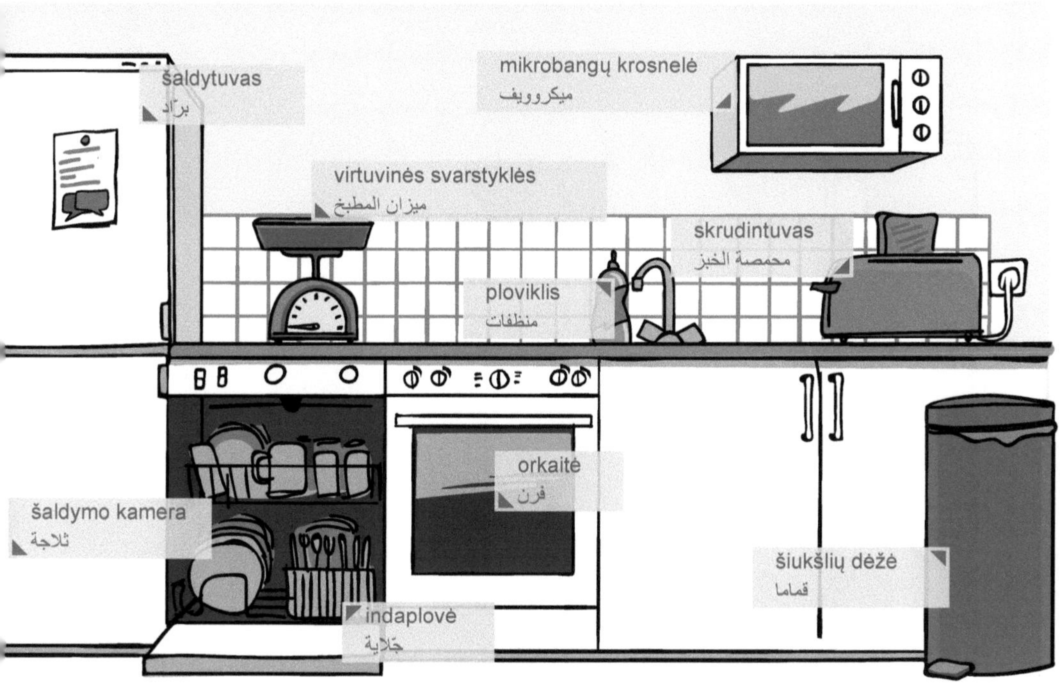
šaldytuvas
برّاد
mikrobangų krosnelė
ميكروويف
virtuvinės svarstyklės
ميزان المطبخ
skrudintuvas
محمصة الخبز
ploviklis
منظفات
orkaitė
فرن
šaldymo kamera
ثلاجة
šiukšlių dėžė
قماما
indaplovė
جلّاية

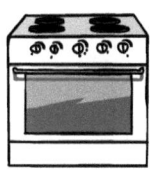

viryklė

موقد

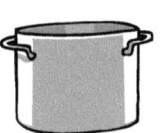

puodas

قِدر

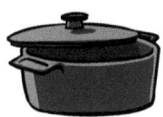

ketaus puodas

وعاء من الحديد

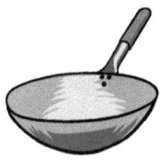

„wok“ keptuvė

قدر صيني

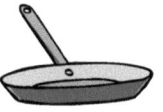

keptuvė

مقلاة

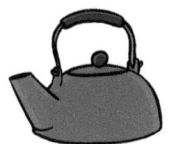

virdulys

غلاية

garų puodas

قدر البخار

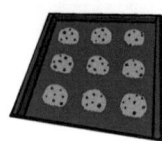

kepimo skarda

صينية

porceliano indai

أواني

puodelis

فنجان

dubuo

صحن

valgomosios lazdelės

عيدان الأكل

samtis

مغرفة

mentelė

ملعقة منبسطة

plaktuvas

خفاقة

koštuvas

مصفاة

sietas

مصفاة

trintuvė

مِبشرة

grūstuvė

هاون

kepsninė

شواء

atvira liepsna

موقد

pjaustymo lentelė

لوح التقطيع

kočėlas

نشّابة

kamščiatraukis

مفتاح الزجاجات

skardinė

علبة

skardinių atidarytuvas

مفتاح العلب المعدنية

puodkėlė

قماش الفرن

kriauklė

مجلى

šepetys

فرشاة

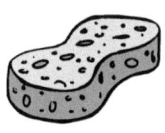

kempinė

إسفنج

trintuvas

خلاط

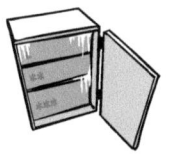

šaldiklis

مجمّدة

kūdikių buteliukas

زجاجة الطفل

čiaupas

صنبور الماء

vonios kambarys

الحمّام

šildymas
تدفئة
dušas
دوش
rankšluostis
منشفة
dušo užuolaidos
ستارة الدوش
vonios putos
حمام رغوة
vonia
حوض الحمام
stiklinė
كاس
skalbimo mašina
غسّالة
čiaupas
صنبور الماء
plytelės
بلاط
naktinis puodukas
قفازات مطاطية
kriauklė
مجلى

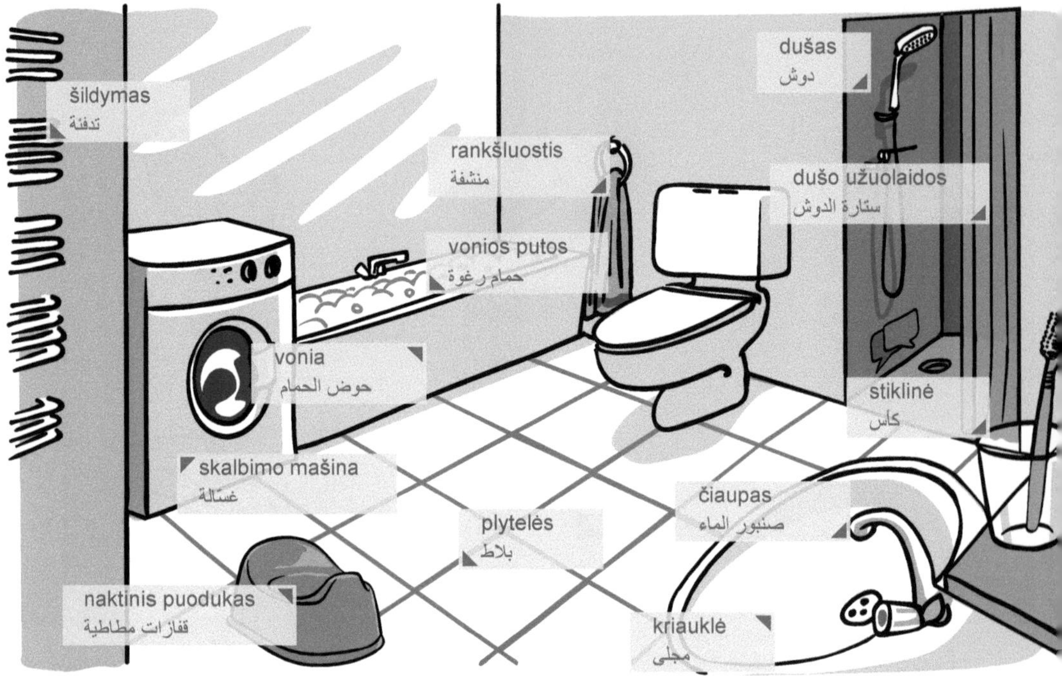

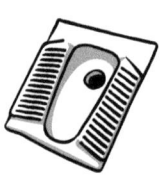

unitazas

حمام

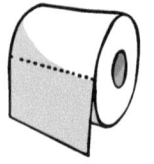

tupimasis unitazas

مرحاض القرفصاء

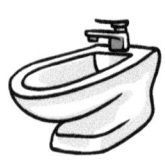

bidė

حوض التشطيف

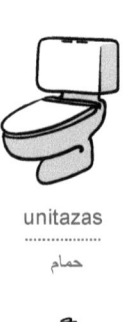

pisuaras

مبولة

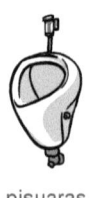

tualetinis popierius

ورق المرحاض

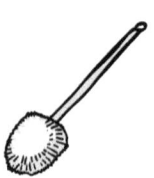

unitazo šepetys

فرشاة الحمام

dantų šepetėlis

فرشاة الأسنان

dantų pasta

معجون الأسنان

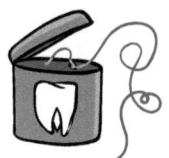

dantų siūlas

خيط حرير لتنظيف الأسنان

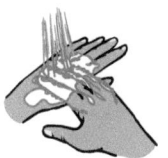

plauti

يغسل

dušo galvutė

رشاش ماء يدوي

higieninis dušas

شطاف

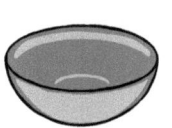

praustuvas

حوض الغسيل

nugaros plaušinė

فرشاة الظهر

muilas

صابون

dušo želė

جيل الدوش

šampūnas

شامبو

plaušinė

ممسحة

kanalizacija

مصرف للماء

kremas

مرهم

dezodorantas

مزيل الروائح

veidrodis

مرآة

veidrodėlis

مرآة يد

skustuvas

موس حلاقة

skutimosi putos

رغوة الحلاقة

losjonas po skutimosi

كولونيا

šukos

مشط

šepetys

فرشاة

plaukų džiovintuvas

سشوار

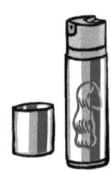

plaukų lakas

مثبت للشعر

makiažas

ماكياج

lūpdažis

روج

nagų lakas

طلاء أظافر

vata

قطن

žirklutės nagams

مقص أظافر

kvepalai

عطر

maišelis skalbiniams

سلّة الغسيل

taburetė

مقعد صغير

svarstyklės

ميزان

chalatas

معطف الحمام

guminės pirštinės

قفازات مطاطية

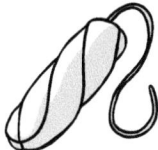

tamponas

سدادة قطنية

higieninis įklotas

منشفة صحية

biotualetas

تواليت كيميائية

vaiko kambarys
غرفة الأطفال

žadintuvas
منبّه
pliušinis žaislas
الحيوانات المحنطة
žaislinė mašinėlė
سيارة لعبة
barškutis
خشخشة
lėlės namelis
بيت الدمى
dovana
هدية

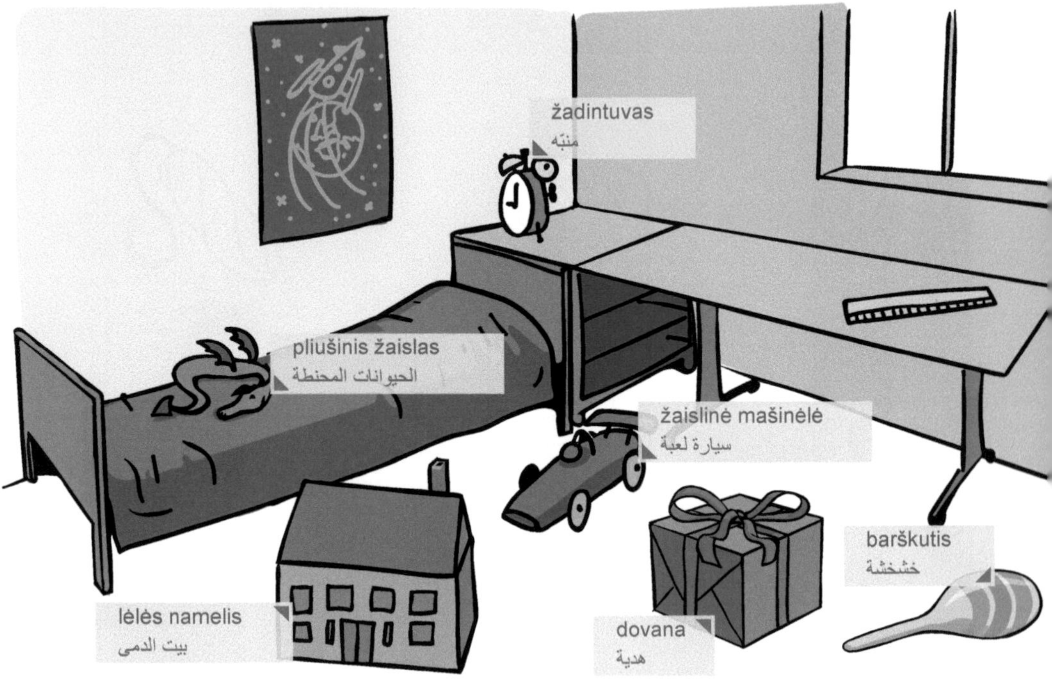

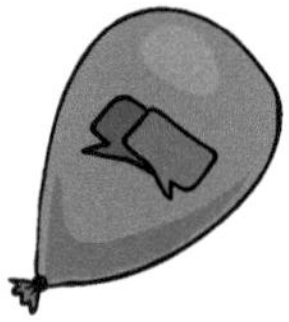

balionas

بالون

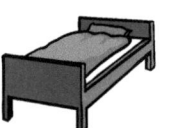

lova

سرير

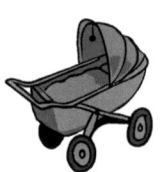

vaikiškas vežimėlis

عربة الأطفال

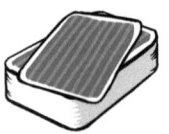

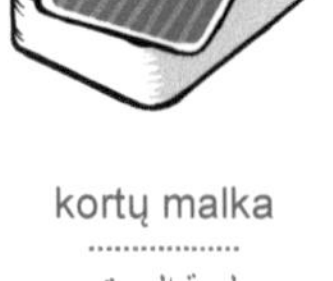

kortų malka

لعبة الورق

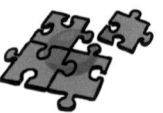

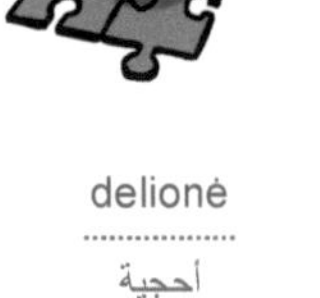

delionė

أحجية

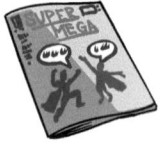

komiksai

رسوم هزلية

lego kaladėlės

أحجار الليغو

žaislinės kaladėlės

حجارة تركيب

figūrėlė

دمية بطل

šliaužtinukai

لباس الطفل

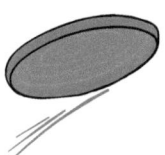

mėtymo lėkštė

فريسبي

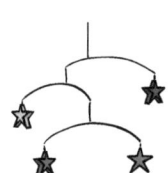

karuselė

دمية معلقة

stalo žaidimas

لعبة الطاولة

kauliukai

لعبة النرد

žaislinis traukinys

لعبة قطار

žindukas

مصّاصة

vakarėlis

حفلة

paveiksliukų knygelė

كتاب مصوّر

kamuolys

كرة

lėlė

دمية

žaisti

يلعب

smėlio dėžė

ملعب رملي للأطفال

sūpynės

أرجوحة

žaislai

لعبة

žaidimų konsolė

ألعاب فيديو

triratukas

دراجة ثلاثية

meškiukas

دمية على شكل الدب

drabužių spinta

خزانة الثياب

drabužis

ثياب

kojinės

جوارب قصيرة

kojinės virš kelių

جوارب طويلة

pėdkelnės

جورب بنطلون

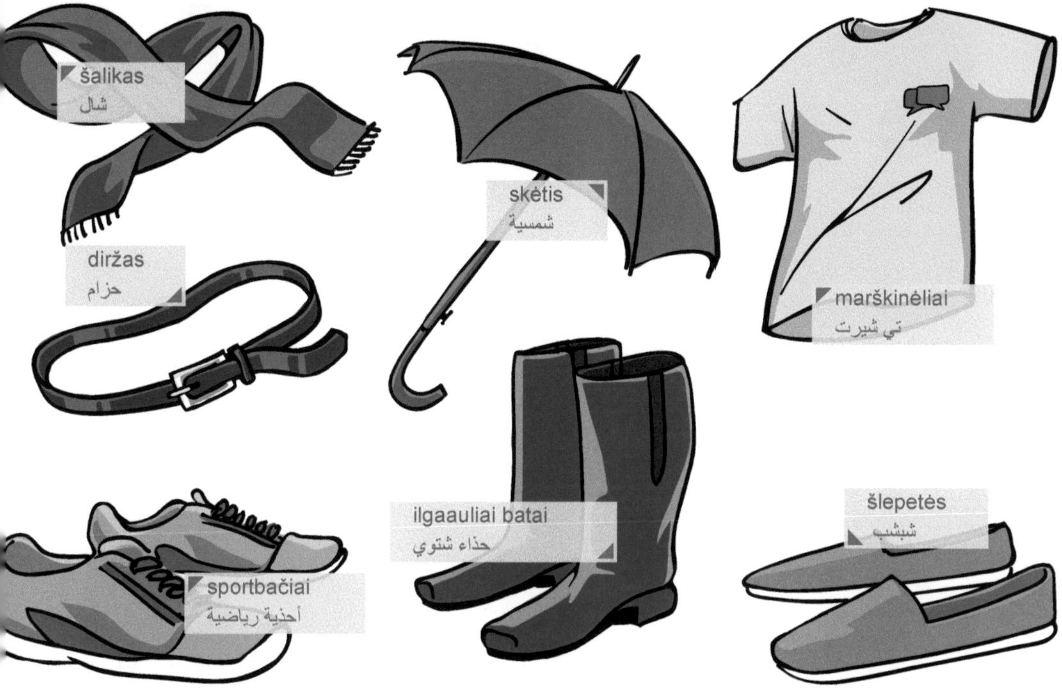

šalikas
شال

skėtis
شمسية

marškinėliai
تي شيرت

diržas
حزام

ilgaauliai batai
حذاء شتوي

šlepetės
شبشب

sportbačiai
أحذية رياضية

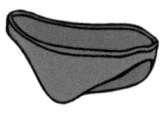

sandalai
·················
صندل

batai
·················
حذاء

guminiai batai
·················
جزمة كاوتشوك

trumpikės
·················
سروال داخلي

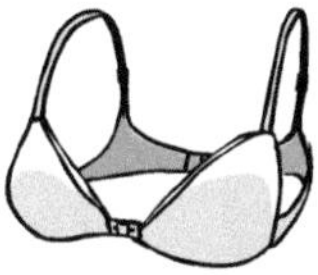

liemenėlė
·················
صدّارة

liemenė
·················
قميص داخلي

glaustinukė

لباس ملاصق للجسم

kelnės

بنطلون

džinsai

جينز

sijonas

تنورة

palaidinė

بلوزة

marškiniai

قميص

megztinis

سترة قطنية

megztinis su gobtuvu

كنزة كم طويل

švarkelis

سترة فضفاضة

švarkas

سترة

paltas

معطف

lietpaltis

معطف مطري

kostiumas

زي - طقم نسائي

suknelė

ثوب

vestuvinė suknelė

ثوب الزفاف

kostiumas

طقم

naktiniai marškiniai

قميص نوم

pižama

بيجاما

saris

ساري

skarelė

حجاب

tiurbanas

عمامة

burka

برقع

kaftanas

قفطان

abaja

عباءة

maudymosi kostiumėlis

مايوه

glaudės

سروال سباحة

šortai

شرت

sportinis kostiumas

بدلة رياضية

prijuostė

مئزر

pirštinės

قفازات

saga

زر

akiniai

نظّارة

apyrankė

إسوارة

vėrinys

عقد

žiedas

خاتم

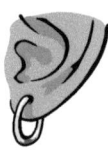

auskaras

قرط

kepurė

طاقيّة

pakabas

علاقة ثياب

skrybėlė

قبّعة

kaklaraištis

ربطة العنق

užtrauktukas

سحّاب

šalmas

خوذة

breketai

حمّالة البنطلون

mokyklinė uniforma

اللباس المدرسي

uniforma

زي موحّد

seilinukas

مريلة الأطفال

žindukas

مصّاصة

vystyklai

لفافة

biuras

مكتب

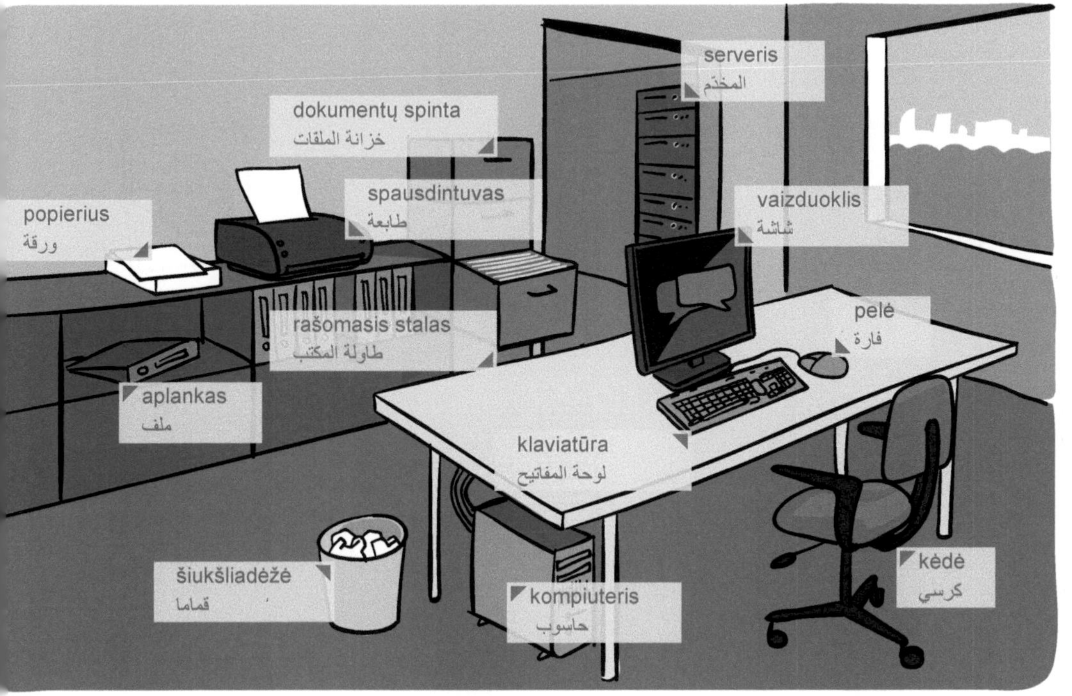

serveris
المخدّم

dokumentų spinta
خزانة الملفات

spausdintuvas
طابعة

vaizduoklis
شاشة

popierius
ورقة

pelė
فأرة

rašomasis stalas
طاولة المكتب

aplankas
ملف

klaviatūra
لوحة المفاتيح

kėdė
كرسي

šiukšliadėžė
قماما

kompiuteris
حاسوب

kavos puodelis

كأس من القهوة

kalkuliatorius

الآلة الحاسبة

internetas

الإنترنت

nešiojamasis kompiuteris

الحاسوب المحمول

laiškas

رسالة

žinutė

خبر

mobilusis telefonas

الهاتف المحمول

tinklas

شبكة

fotokopijavimo aparatas

جهاز تصوير

programinė įranga

البرمجيات

telefonas

هاتف

kištukinis lizdas

مقبس كهربائي

faksas

فاكس

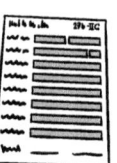

forma

استمارة

dokumentas

وثيقة

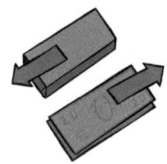

pirkti

يشتري

mokėti

يدفع

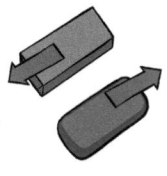

prekiauti

يتاجر

pinigai

مال

USD

doleris

دولار

EUR

euras

يورو

JPY

jena

ين

RUB

rublis

روبل

CHF

Šveicarijos frankas

فرنك سويسري

CNY

juanis

يوان

INR

rupija

روبية

bankomatas

صرّاف آلي

valiutos keitykla

مكتب صرافة

auksas

ذهب

sidabras

فضة

nafta

نفط

energija

طاقة

kaina

سعر

sutartis

عقد

mokestis

ضريبة

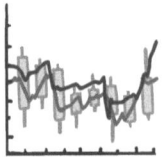

akcijos

سهم

dirbti

يعمل

darbuotojas

موظف

darbdavys

رب العمل

gamykla

مصنع

parduotuvė

متجر

profesijos

المِهَن

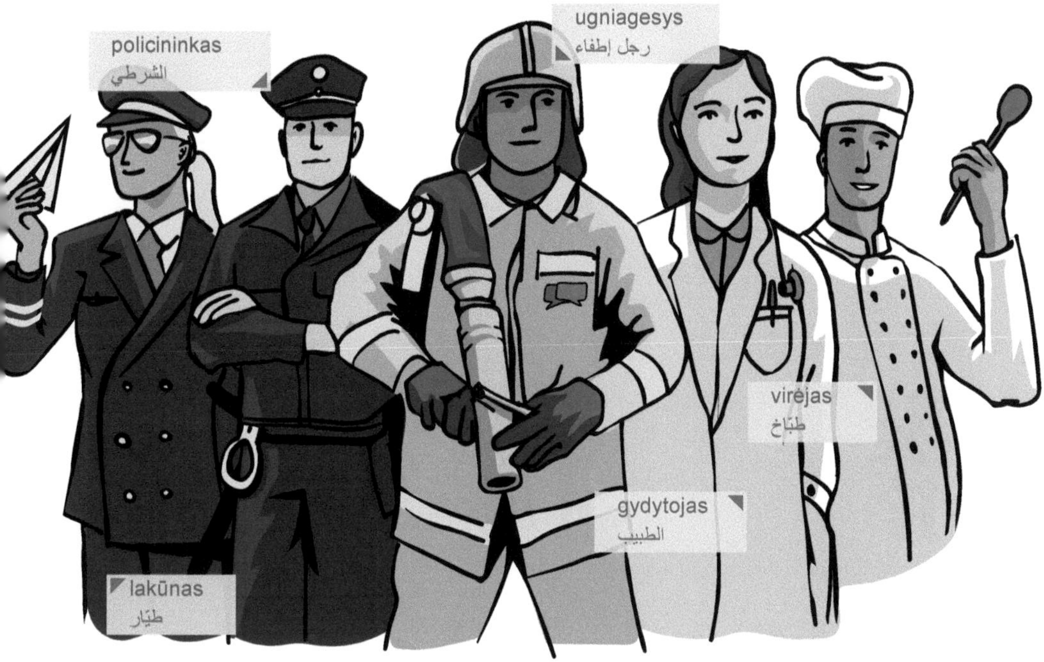

policininkas
الشرطي
ugniagesys
رجل إطفاء
virėjas
طبّاخ
gydytojas
الطبيب
lakūnas
طيّار

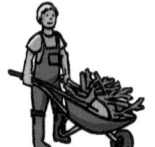

sodininkas

بستاني

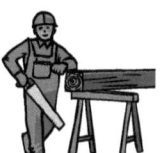

stalius

نجّار

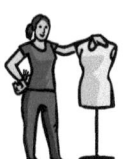

siuvėja

خيّاطة

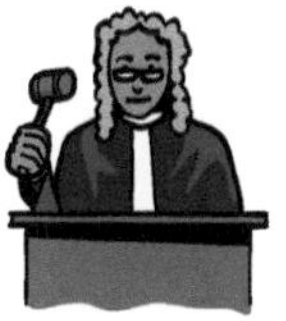

teisėjas

قاض

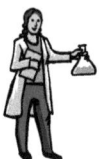

chemikas

كيميائي

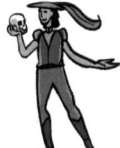

aktorius

ممثل

autobuso vairuotojas

سائق حافلة

taksi vairuotojas

سائق تاكسي

žvejys

صياد سمك

valytoja

أجيرة للتنظيف

stogdengys

بنّاء سقف

padavėjas

نادل

medžiotojas

صيّاد

dailininkas

رسّام

kepėjas

خباز

elektrikas

كهربائي

statybininkas

عامل بناء

inžinierius

مهندس

mėsininkas

لحّام

santechnikas

سمكري

paštininkas

ساعي البريد

kareivis

جندي

architektas

مهندس معماري

kasininkas

أمين صندوق

gėlininkas

بائع الزهور

kirpėjas

حلاق

konduktorius

مراقب القطار

mechanikas

ميكانيكي

kapitonas

قبطان

odontologas

طبيب أسنان

mokslininkas

رجل العلم

rabinas

حاخام

imamas

إمام

vienuolis

راهب

kunigas

كاهن

įrankiai

عدة عمل

replės
كمّاشة
plaktukas
مطرقة
atsuktuvas
مفك البراغي
suvirinimo apara
مصباح يد
raktas
مفتاح ربط

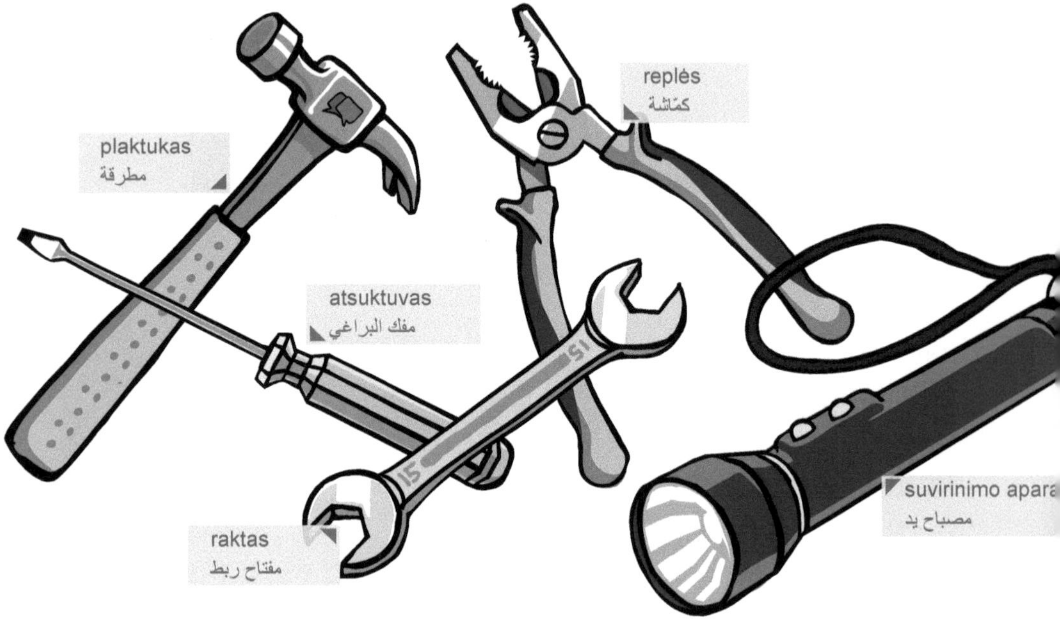

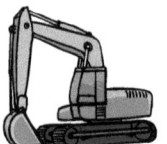

ekskavatorius

جرافة

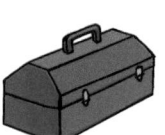

įrankių dėžė

صندوق العدة

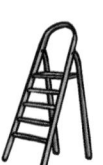

kopėčios

سلّم

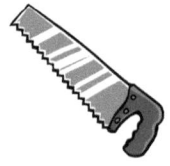

pjūklas

منشار

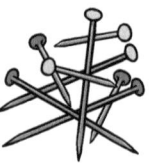

vinys

مسامير

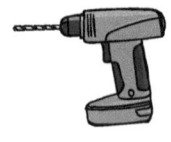

grąžtas

مثقب

taisyti

يصلح

kastuvas

مجرفة

Velniava!

اللعنة

semtuvėlis

لقاطة الكناسة

dažų skardinė

سطل الألوان

varžtai

براغي

muzikos instrumentai

آلات موسيقية

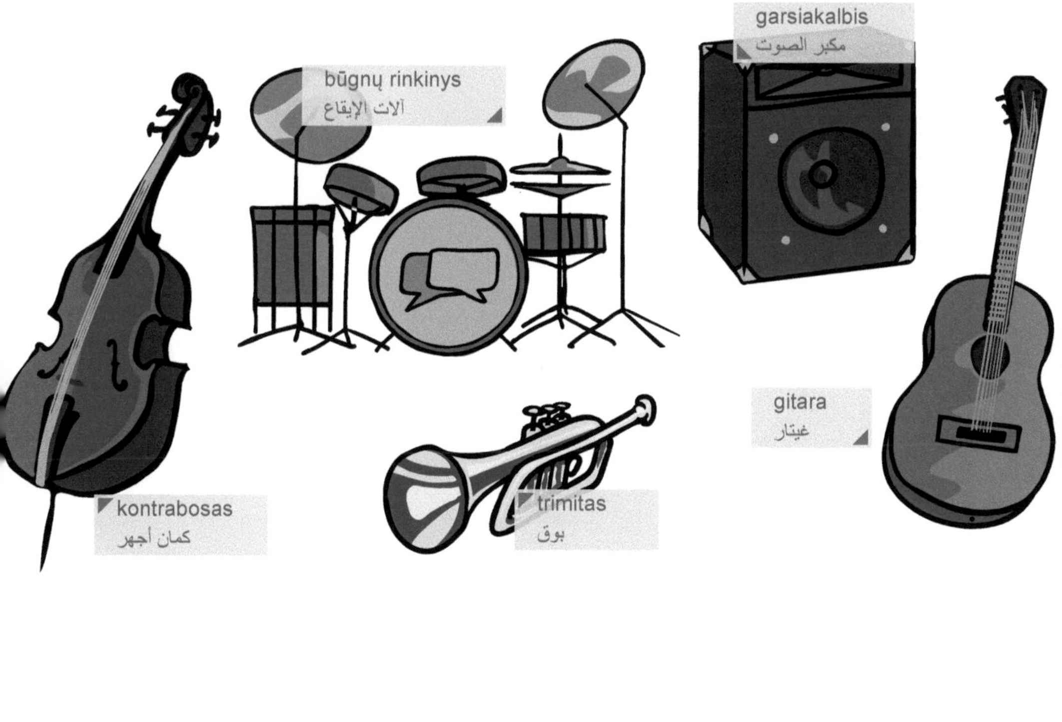

garsiakalbis
مكبر الصوت

būgnų rinkinys
آلات الإيقاع

gitara
غيتار

kontrabosas
كمان أجهر

trimitas
بوق

pianinas

بيانو

smuikas

كمنجة

bosinė gitara

جهير

timpanas

طبل كبير

būgnai

طبل

sintezatorius

بيانو كهربائي

saksofonas

ساكسوفون

fleita

ناي

mikrofonas

ميكروفون

zoologijos sodas

حديقة حيوانات

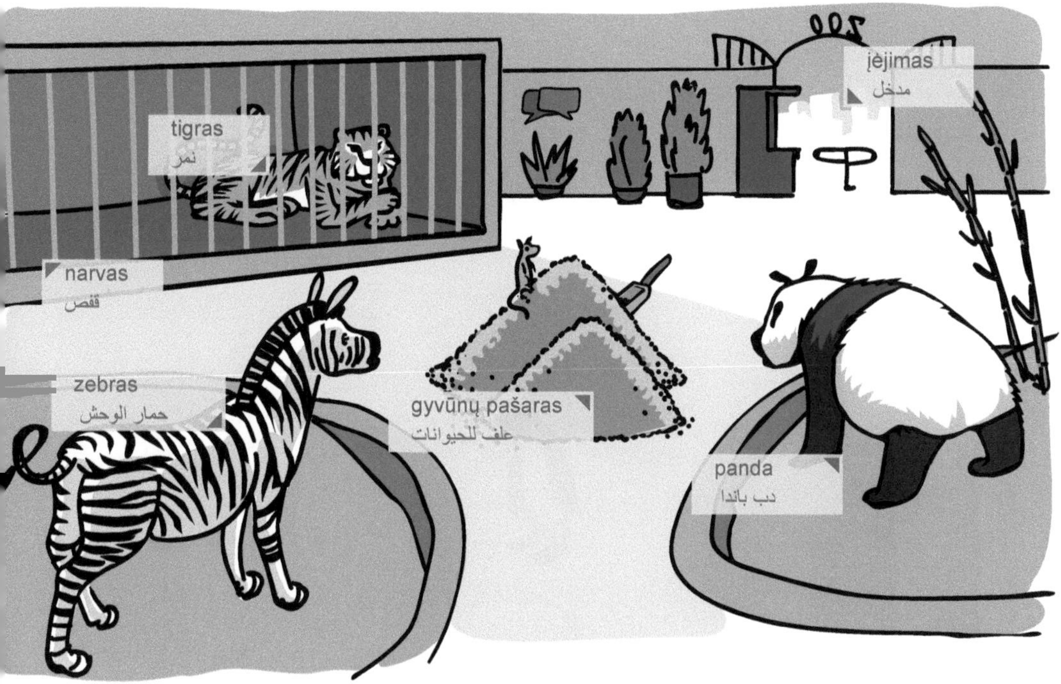

įėjimas
مدخل
tigras
نمر
narvas
قفص
zebras
حمار الوحش
gyvūnų pašaras
علف للحيوانات
panda
دب باندا

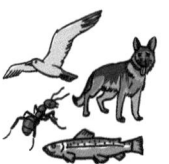

gyvūnai

حيوانات

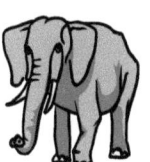

dramblys

فيل

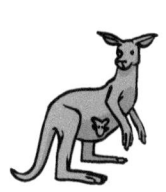

kengūra

كنغر

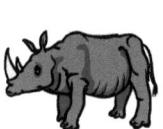

raganosis

وحيد القرن

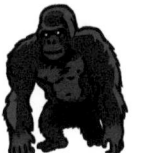

gorila

غوريلا

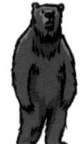

meška

دب

kupranugaris

جمل

strutis

نعامة

liūtas

أسد

beždžionė

قرد

flamingas

طائر فلامينغو

papūga

ببغاء

baltoji meška

دب قطبي

pingvinas

بطريق

ryklys

سمك القرش

povas

طاووس

gyvatė

أفعى

krokodilas

تمساح

zoologijos sodo prižiūrėtojas

حارس في حديقة الحيوان

ruonis

عجل البحر

jaguaras

نمر أمريكي مرقط

ponis

فرس قزم

leopardas

نمر

begemotas

فرس النهر

žirafa

زرافة

erelis

نسر

šernas

خنزير برّي

žuvis

سمك

vėžlys

سلحفاة

vėplys

حيوان فظ البحري

lapė

ثعلب

gazelė

غزال

amerikietiškas futbolas
كرة القدم الأمريكية

dviračių sportas
ركوب الدراجات

tenisas
كرة التنس

krepšinis
كرة السلة

plaukimas
السباحة

boksas
الملاكمة

ledo ritulys
هوكي الجليد

futbolas
كرة القدم

badmintonas
الريشة الطائرة

atletika
ألعاب القوى الخفيفة

rankinis
كرة اليد

slidinėjimas
التزلج على الثلج

polas
بولو

užsiėmimai
نشاطات

juoktis
يضحك
šokinėti
يقفز
apkabinti
يعانق
vaikščioti
يمشي
dainuoti
يغنّي
svajoti
يحلم
melstis
يصلّي
bučiuoti
يقبل

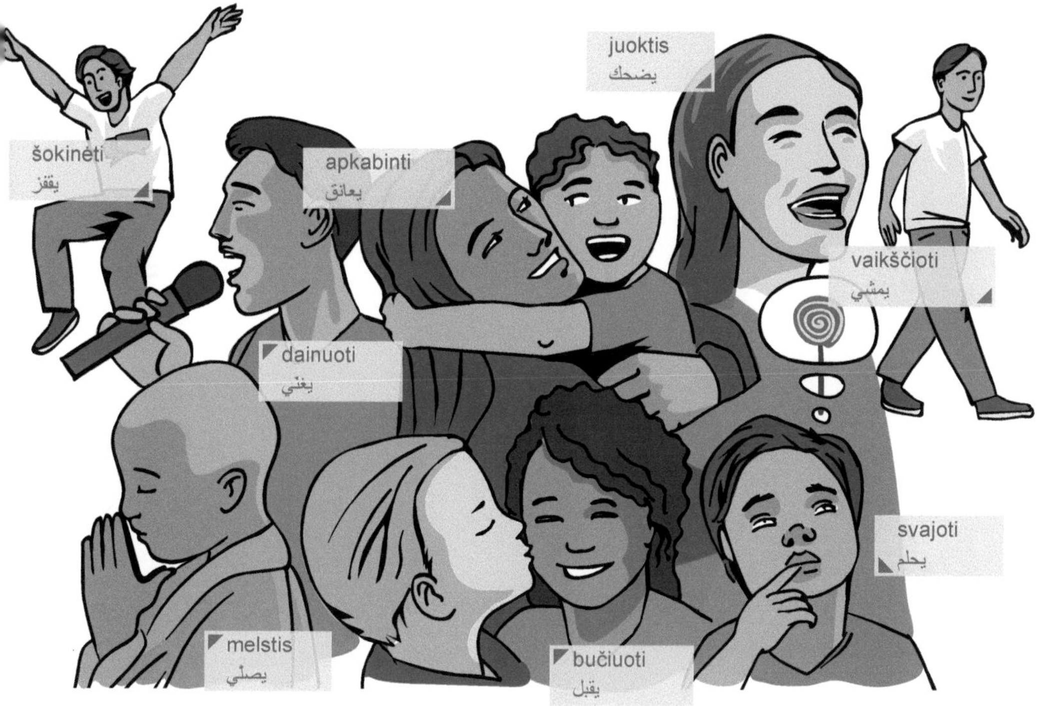

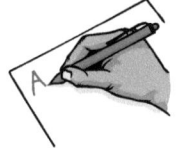

rašyti
يكتب

piešti
يرسم

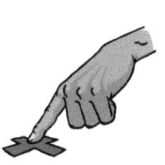

rodyti
يُري

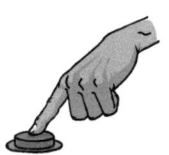

stumti
يدفع

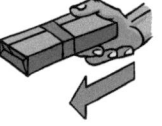

duoti
يعطي

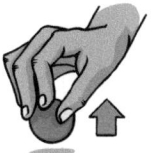

imti
يأخذ

turėti

يملك

daryti

يعمل

būti

يوجد

stovėti

يقف

bėgti

يركض

traukti

يسحب

mesti

يرمي

kristi

يقع

meluoti

يستلقي

laukti

ينتظر

nešti

يحمل

sėdėti

يجلس

rengtis

يلبس

miegoti

ينام

pabusti

يستيقظ

žiūrėti

ينظر إلى ..

verkti

بيكي

glostyti

يمسّد

šukuoti

يمشّط

kalbėti

يتكلم

suprasti

يفهم

paklausti

يسأل

klausytis

يسمع

gerti

يشرب

valgyti

ياكل

tvarkytis

يرتب

mylėti

يحب

gaminti

يطبخ

vairuoti

يقّود

skristi

يطيّر

buriuoti

يبحر بزورق شراعي

skaičiuoti

يحسب

skaityti

يقرأ

mokytis

يتعلم

dirbti

يعمل

vesti

يتزوج

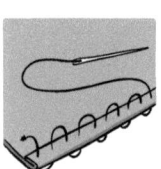

siūti

يخيط

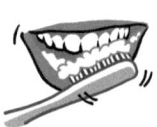

valytis dantis

ينظف أسنانه

žudyti

يقتل

rūkyti

يدخّن

siųsti

يرسل

šeima
عائلة

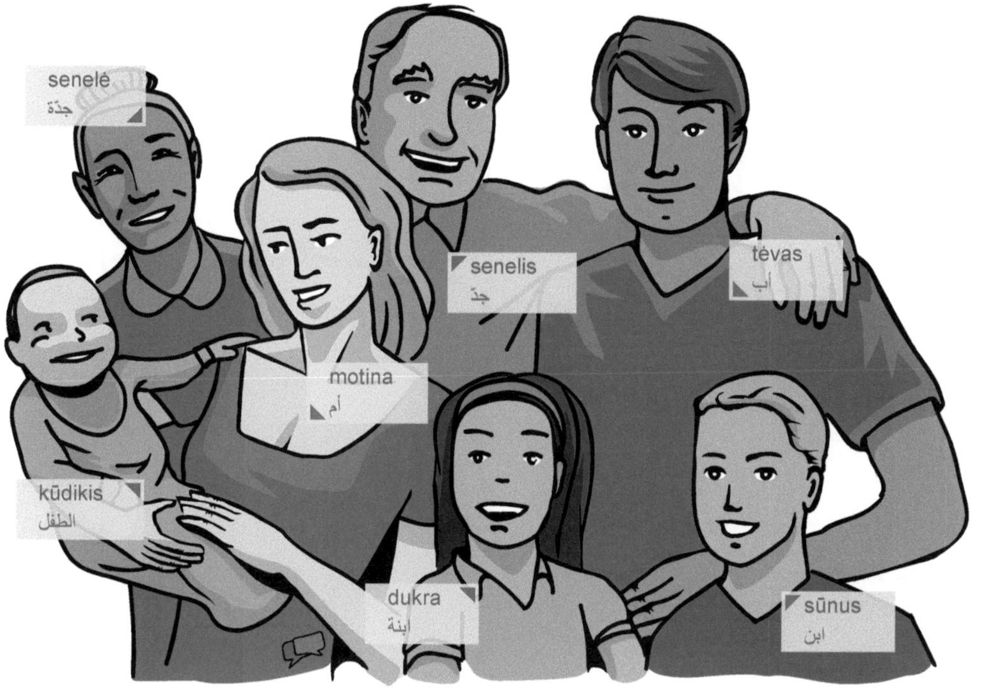
senelė
جدّة
senelis
جدّ
tėvas
أب
motina
أم
kūdikis
الطفل
dukra
ابنة
sūnus
ابن

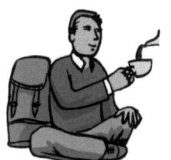

svečias

ضيف

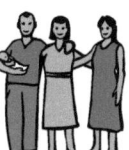

teta

عمّة / خالة

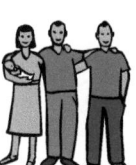

dėdė

عمّ / خال

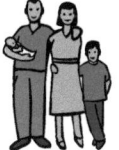

brolis

أخ

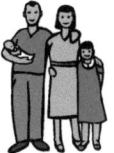

sesuo

أخت

kūnas

الجسم

kakta
الجبين
akis
العين
petys
الكتف
pirštas
الإصبع
veidas
الوجه
smakras
الذقن
plaštaka
اليد
koja
الساق
krūtinė
الصدر
ranka
الذراع

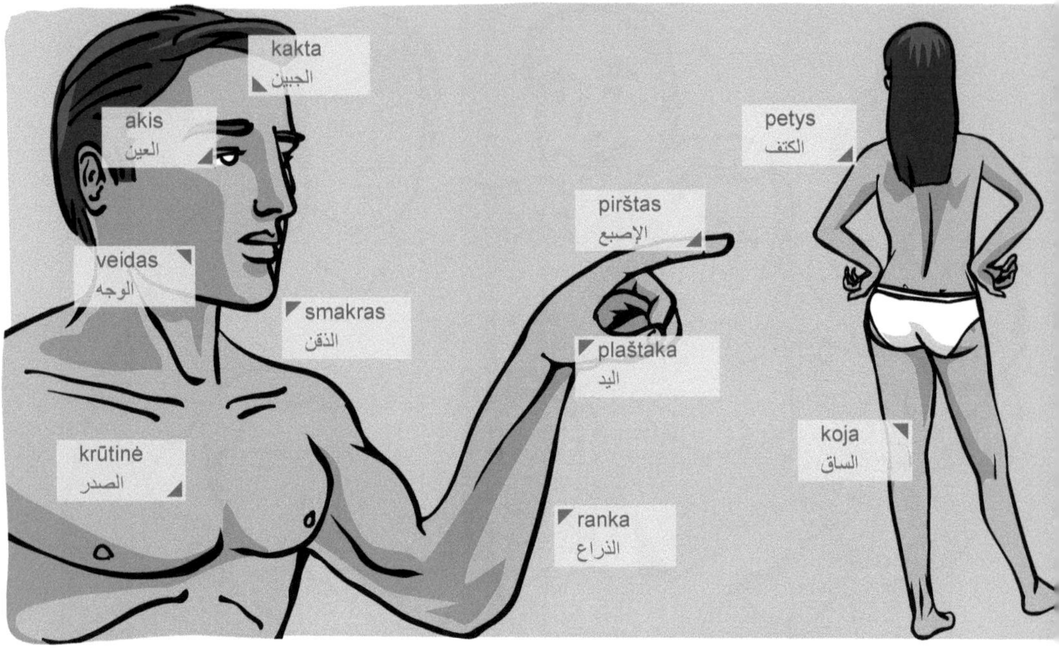

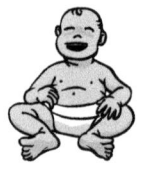

kūdikis
الطفل

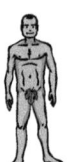

vyras
الرجل

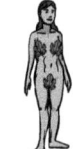

moteris
المرأة

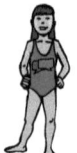

mergaitė
البنت

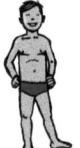

berniukas
الولد

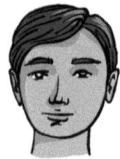

galva
الرأس

nugara

الظهر

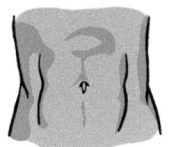

pilvas

البطن

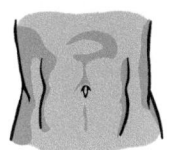

bamba

السرّة

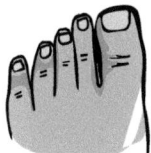

kojos pirštas

إصبع القدم

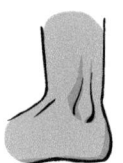

kulnas

الكعب

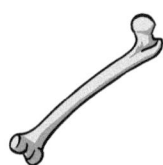

kaulas

العظم

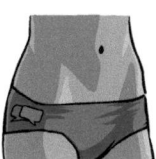

klubas

الورك

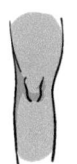

kelis

الركبة

alkūnė

المرفق

nosis

الأنف

sėdmenys

العَجُز

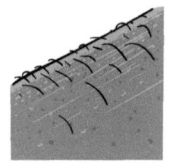

oda

البشرة

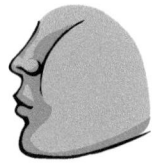

skruostas

الخد

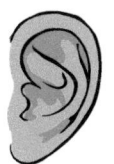

ausis

الأذن

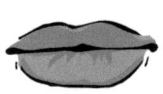

lūpa

الشفة

burna

الفم

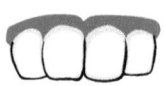

dantis

السن

liežuvis

اللسان

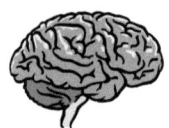

smegenys

الدماغ

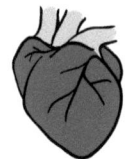

širdis

القلب

raumuo

العضلة

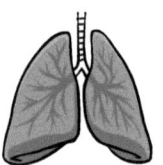

plaučiai

الرئة

kepenys

الكبد

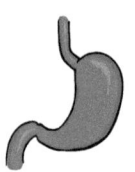

skrandis

المعدة

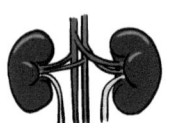

inkstai

الكلى

seksas

الاتصال الجنسي

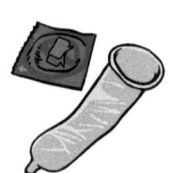

prezervatyvas

الواقي المطاطي

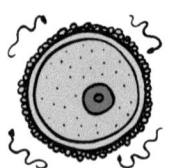

kiaušialąstė

البويضة

sperma

المنيّ

nėštumas

الحمل

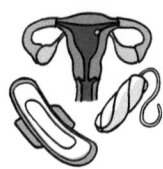

menstruacijos

الحيض

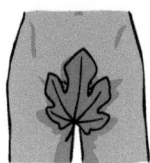

makštis

المهبل

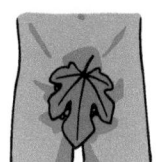

varpa

القضيب

antakis

الحاجب

plaukai

الشعر

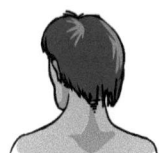

kaklas

الرقبة

ligoninė
المستشفى

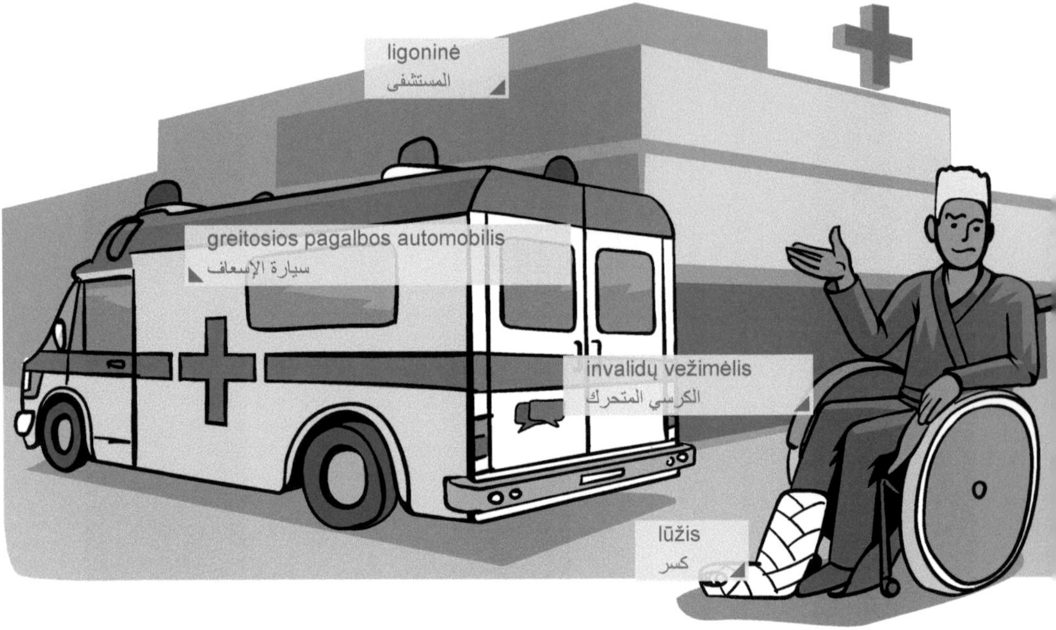

ligoninė
المستشفى
greitosios pagalbos automobilis
سيارة الإسعاف
invalidų vežimėlis
الكرسي المتحرك
lūžis
كسر

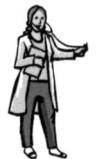

gydytojas
الطبيب

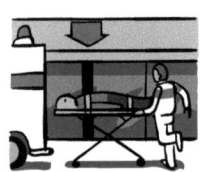

skubios pagalbos skyrius
غرفة الإسعاف

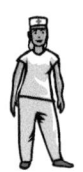

slaugytoja
الممرضة

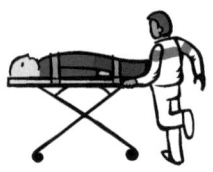

nelaimingas atsitikimas
حالة

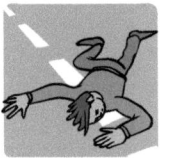

be sąmonės
مغمى عليه

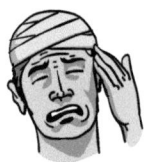

skausmas
الألم

sužalojimas

إصابة

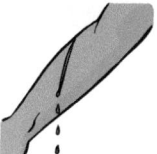

kraujavimas

النزيف

širdies smūgis

احتشاء القلب

insultas

جلطة

alergija

حسسية

kosulys

السعال

karščiavimas

الحُمَّى

gripas

إنفلونزا

viduriavimas

الإسهال

galvos skausmas

وجع الرأس

vėžys

السرطان

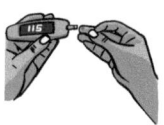

diabetas

مرض السكر

chirurgas

جرّاح

skalpelis

مبضع

operacija

عملية

KT

سيتي سكان

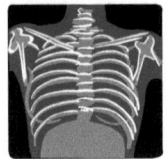

rentgenas

الأشعة السينية

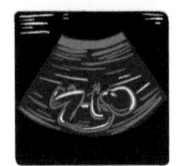

ultragarsas

فوق الصوتي

veido kaukė

القناع

liga

المرض

laukiamasis

غرفة الانتظار

ramentas

العُكّاز

gipsas

شريط لاصق

tvarstis

ضماد

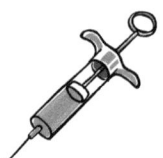

injekcija

حقنة

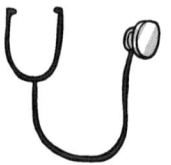

stetoskopas

سمّاعة الطبيب

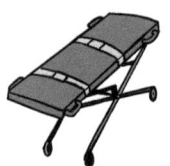

neštuvai

نقالة

termometras

ميزان حرارة

gimimas

ولادة

antsvoris

وزن زائد

klausos aparatas

جهاز السمع

dezinfekavimo priemonė

المواد المعقمة

infekcija

عدوى

virusas

فيروس

ŽIV / AIDS

الإيدز

vaistas

الطب

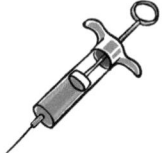

skiepijimas

اللقاح

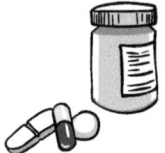

tabletės

أقراص الدواء

piliulė

حبّة الدواء

skubios pagalbos numeris

نداء النجدة

kraujospūdžio matuoklis

مقياس ضغط الدم

ligotas / sveikas

مريض / صحيح

Padėkite!

النجدة!

pavojaus signalas

إنذار

užpuolimas

اعتداء

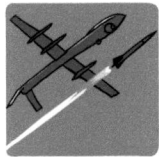

ataka

هجوم

pavojus

خطر

avarinis išėjimas

مخرج طوارئ

Gaisras!

حريق!

gesintuvas

جهاز الإطفاء

nelaimingas atsitikimas

حادث

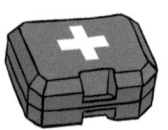

pirmosios pagalbos rinkinys

حقيبة الإسعاف الأولي

SOS

أنقذونا

policija

الشرطة

Europa

أوروبا

Šiaurės Amerika

أمريكا الشمالية

Pietų Amerika

أمريكا الجنوبية

Afrika

أفريقيا

Azija

آسيا

Australija

أستراليا

Atlanto vandenynas

المحيط الأطلسي

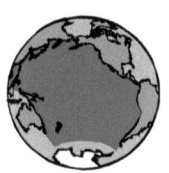

Ramusis vandenynas

المحيط الهادي

Indijos vandenynas

المحيط الهندي

Pietų vandenynas

المحيط المتجمد الجنوبي

Arkties vandenynas

المحيط المتجمد الشمالي

Šiaurės ašigalis

القطب الشمالي

Pietų ašigalis

القطب الجنوبي

Antarktida

منطقة القطب الجنوبي

Žemė

أرض

sausuma

بر

jūra

بحر

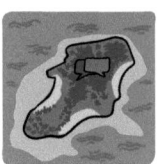

sala

جزيرة

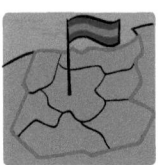

tauta

أمة

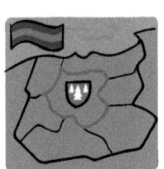

valstybė

دولة

ciferblatas

ميناء الساعة

valandinė rodyklė

عقرب الساعات

minutinė rodyklė

عقرب الدقائق

sekundinė rodyklė

عقرب الثواني

Kiek valandų?

كم الساعة الآن؟

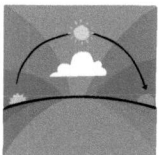

diena

يوم

laikas

زمن

dabar

الآن

skaitmeninis laikrodis

ساعة رقمية

minutė

دقيقة

valanda

ساعة

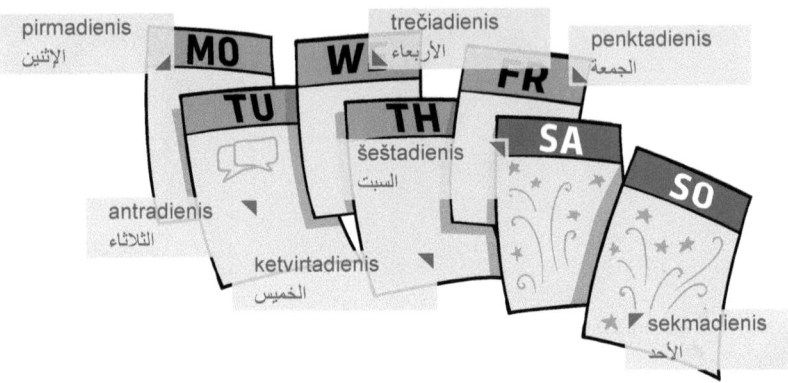

pirmadienis — MO
الإثنين

antradienis — TU
الثلاثاء

trečiadienis — W
الأربعاء

ketvirtadienis — TH
الخميس

penktadienis — FR
الجمعة

šeštadienis — SA
السبت

sekmadienis — SO
الأحد

vakar
....
الأمس

šiandien
....
اليوم

rytoj
....
غداً

rytas
....
الصباح

vidurdienis
....
الظهر

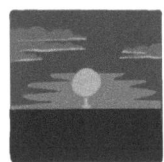

vakaras
....
المساء

darbo dienos
....
أيام العمل

savaitgalis
....
نهاية الأسبوع

metai
سنة

lietus
مطر
vaivorykštė
قوس قزح
vėjas
ريح
sniegas
ثلج
pavasaris
الربيع
ruduo
الخريف
vasara
الصيف
žiema
الشتاء

4.APRIL 11°
5.APRIL 4°
6.APRIL 13°
7.APRIL 8°
8.APRIL 10°

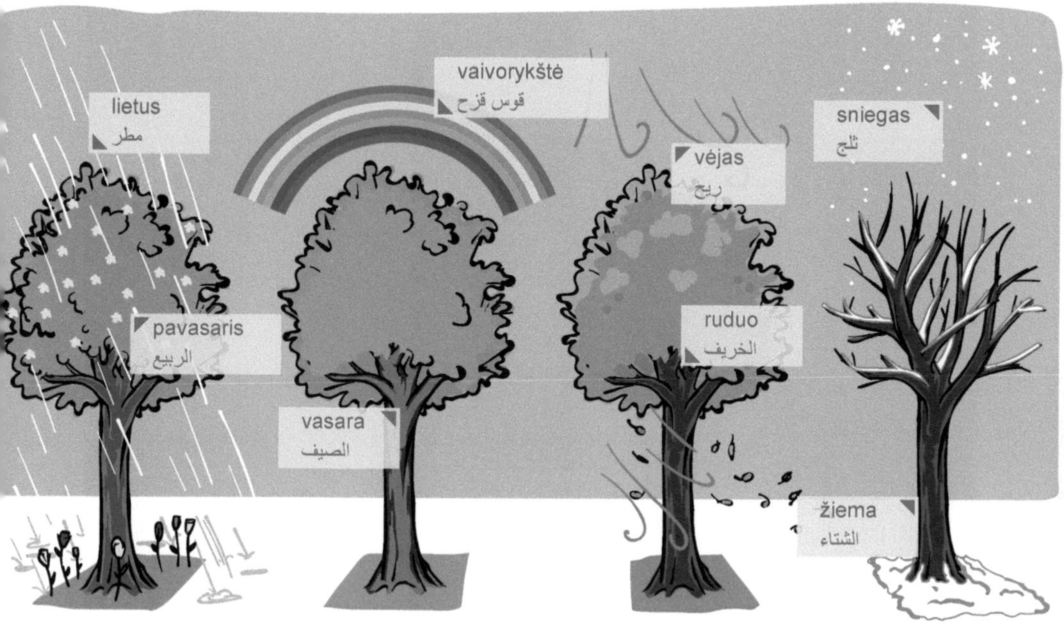

orų prognozė

التنبّؤ بالحالة الجوية

F
C
120
90
60
30
0
-30
40
30
20
10
0
-10
-20

lauko termometras

مقياس حرارة

saulės šviesa

ضوء الشمس

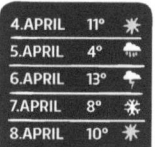

debesis

سحابة

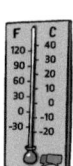

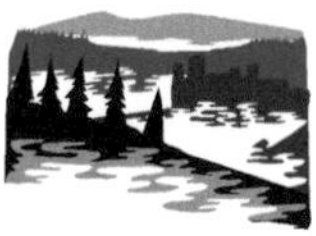

rūkas

ضباب

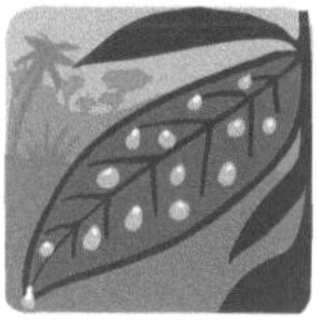

drėgmė

رطوبة الجو

žaibas

برق

griaustinis

رعد

audra

عاصفة

kruša

بَرَد

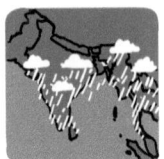

musonas

ريح موسمية

potvynis

طوفان

ledas

جليد

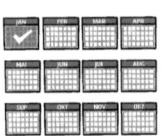

sausis

كانون الثاني / يناير

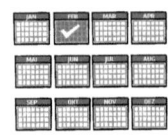

vasaris

شباط / فبراير

kovas

آذار / مارس

balandis

نيسان / أبريل

gegužė

أيار / مايو

birželis

حزيران / يونيو

liepa

تموز / يوليو

rugpjūtis

آب / أغسطس

metai - سنة

rugsėjis
أيلول / سبتمبر

spalis
تشرين الأول / أكتوبر

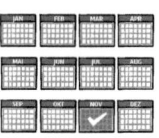

lapkritis
تشرين الثاني / نوفمبر

gruodis
كانون الأول / ديسمبر

formos
أشكال

apskritimas
دائرة

kvadratas
مربّع

stačiakampis
مستطيل

trikampis
مثلّث

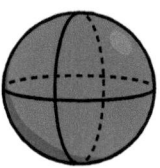

sfera
كرة

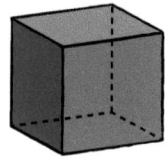

kubas
مكعب

balta

أبيض

geltona

أصفر

oranžinė

برتقالي

rožinė

وردي

raudona

أحمر

violetinė

بنفسجي

mėlyna

أزرق

žalia

أخضر

ruda

بنّي

pilka

رمادي

juoda

أسود

daug / mažai

كثير / قليل

piktas / ramus

غضبان / هادئ

gražus / bjaurus

جميل / قبيح

pradžia / pabaiga

بداية / نهاية

didelis / mažas

كبير / صغير

šviesus / tamsus

فاتح / قاتم

brolis / sesuo

أخ / أخت

švarus / purvinas

نظيف / وسخ

užbaigtas / neužbaigtas

كامل / ناقص

diena / naktis

نهار / ليل

miręs / gyvas

ميت / حيّ

platus / siauras

عريض / ضيّق

valgomas / nevalgomas

صالح للأكل / غير صالح

piktas / malonus

شرّير / لطيف

linksmas / nuobodus

مثير / ممل

storas / plonas

سمين / نحيف

pirmiausia / paskiausia

أولاً / أخيراً

draugas / priešas

صديق / عدو

pilnas / tuščias

مليء / فارغ

kietas / minkštas

صلب / ليّن

sunkus / lengvas

ثقيل / خفيف

alkis / troškulys

جوع / عطش

ligotas / sveikas

مريض / صحيح

nelegalus / legalus

غير شرعي / شرعي

protingas / kvailas

ذكي / غبي

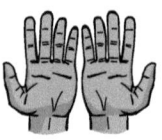

kairė / dešinė

يسار / يمين

arti / toli

قريب / بعيد

naujas / naudotas
....
جديد / مستعمل

niekas / kažkas
....
لا شيء / بعض الشيء

senas / jaunas
....
مسين / شاب

įjungta / išjungta
....
يشعل / يطفئ

atidaryta / uždaryta
....
مفتوح / مغلق

tylus / garsus
....
خافت / عالٍ

turtingas / vargšas
....
غني / فقير

teisus / neteisus
....
صح / خطأ

šiurkštus / švelnus
....
أحرش / املس

liūdnas / laimingas
....
حزين / سعيد

trumpas / ilgas
....
قصير / طويل

lėtas / greitas
....
بطيء / سريع

drėgnas / sausas
....
مبلول / جاف

šiltas / šaltas
....
ساخن / بارد

karas / taika
....
حرب / سلم

0

nulis

صفر

1

vienas

واحد

2

du

اثنان

3

trys

ثلاثة

4

keturi

أربعة

5

penki

خمسة

6

šeši

ستة

7

septyni

سبعة

8

aštuoni

ثمانية

9

devyni

تسعة

10

dešimt

عشرة

11

vienuolika

أحد عشر

12

dvylika

اثنا عشر

13

trylika

ثلاثة عشر

14

keturiolika

أربعة عشر

15

penkiolika

خمسة عشر

16

šešiolika

ستة عشر

17

septyniolika

سبعة عشر

18

aštuoniolika

ثمانية عشر

19

devyniolika

تسعة عشر

20

dvidešimt

عشرون

100

šimtas

مائة

1.000

tūkstantis

ألف

1.000.000

milijonas

مليون

anglų

الإنكليزية

amerikiečių anglų

الإنكليزية الأمريكية

kinų (mandarinų)

لغة ماندارين الصينية

hindi

الهندية

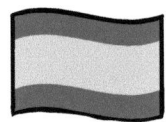

ispanų

الإسبانية

prancūzų

الفرنسية

arabų

العربية

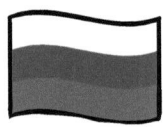

rusų

الروسية

portugalų

البرتغالية

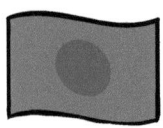

bengalų

البنغالية

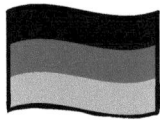

vokiečių

الألمانية

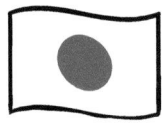

japonų

اليابانية

aš

أنا

tu

أنت

jis / ji

هو / هي

mes

نحن

jūs

أنتم

jie

هم

kas?

من؟

ką?

ماذا؟

kaip?

كيف؟

kur?

أين؟

kada?

متى؟

vardas

اسم

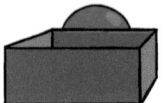

už

خلف

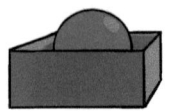

kur (vieta)

في

priešais

أمام

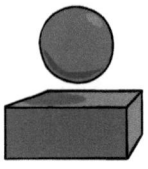

virš

فوق

ant

على

po

تحت

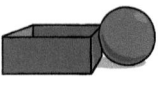

prie

جنب

tarp

بين

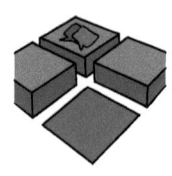

vieta

مكان